ELISABETH MANKE

Kakteen und Sukkulenten

Die schönsten Arten pflegen und vermehren

Was Sie in diesem Buch finden

Kakteen und Sukkulenten

Die Welt der Kakteen

Die Familie der Kakteen besteht ausschließlich aus sukkulenten Pflanzen von überraschender Formen- und Blütenvielfalt. Auch wenn Kakteen wahre Überlebenskünstler sind, so brauchen sie dennoch Pflege, will man ihre herrlichen Blüten erleben.

Faszinierende Kakteen und Sukkulenten

Was ist das Besondere an Kakteen und den anderen Sukkulenten, dass sie eine so große Fan-Gemeinde haben?

Sie nehmen Vernachlässigungen einfach nicht so übel und überraschen uns zudem noch mit leuchtend farbigen Blüten! Dieses Erlebnis verschafft uns keine andere Zimmerpflanze. Unerhört praktisch ist außerdem ihr geringer Platzbedarf. Schon ein Fensterbrett nimmt eine ganze Sammlung auf. Um die Einzigartigkeit erleben zu können, benötigen wir etwas Kenntnis über die Pflege, die sehr unterschiedlich bei den verschiedenen Kakteenarten bzw. den anderen Sukkulenten sein kann. Wir wollen Ihnen dabei helfen und Sie zugleich mit einigen der schönsten Arten bekannt machen. Ihre Fülle ist so überwältigend, dass wir uns auf bekannte und pflegeleichte Vertreter beschränken mussten.

Bis 10 m hoch kann der baumähnliche *Pachycereus weberi* aus Mexiko werden.

Woher kommen Kakteen?

Kakteen stammen fast ausschließlich vom amerikanischen Kontinent, nur die Gattung *Rhipsalis* ist in Afrika zu Hause. Sie wachsen in Steppen, in Halbwüsten und Wüsten – aber auch in feuchten tropischen Wäldern. Manche leben in der Ebene, andere bevorzugen Gebirge, wie die Anden. Sie sind dort in Höhen bis zu 4800 m ü. d. M. zu finden. Auch in den mexikanischen Hochländern sind Kakteen weit verbreitet .

Opuntia phaeacantha ist in Texas, Arizona und Mexiko zu Hause. Ihre gelben Blüten werden 5 cm groß.

Was sind Kakteen?

Riesige Flächen auf unserem Planeten, vermutlich Millionen von Quadratkilometern, leiden an Wassermangel. Hier gibt es nur selten Niederschläge, dazu auch noch unregelmäßig über das Jahr verteilt. Auch Flüsse, Seen und Bäche fehlen. Diese Gebiete sind dennoch nicht ohne Pflanzen- und Tierwelt. Von überaschender Üppigkeit und in der Blütezeit auch bunter Schönheit können wir hier Pflanzen entdecken, die man als **Xerophyten** – Trockenpflanzen – bezeichnet. Zu ihnen zählen auch die so genannten Sukkulenten (lateinisch *succus* = Saft), die dickfleischige, wasserspeichernde Organe besitzen.

Die Sukkulenten haben in vielen Pflanzenfamilien Vertreter. Sogar sukkulente Orchideen gibt es, die Gattung *Oncidium* aus Mexiko gehört dazu. Uns interessiert aber in diesem ersten Teil des Buches nur die Familie der Kakteengewächse, die Cactaceae. Kakteen speichern in ihren dicken Pflanzenkörpern Wasser, das es ihnen ermöglicht, lange Trockenperioden problemlos zu überstehen. Zwar sehen die Kakteen danach

Manche Kakteen und Sukkulenten »verkriechen« sich bei zu starker Hitze und Trockenheit unter die Erdoberfläche.

Bei Schatten, Kühle und Feuchtigkeit ragen sie mit ihrem Pflanzenkörper wieder über die Erde hinaus (z. B. *Echinocereus, Lithops*).

Austrocknen. Sie besitzen außerdem zum Schutz vor Verdunstung eine dicke Wachsschicht sowie eingesenkte und gut verschließbare Spaltöffnungen für den Austausch von Gasen und Luftfeuchtigkeit, die sie normalerweise nur nachts öffnen. Außerdem ist ihre oftmals sehr dichte Bedornung ein gewisser Verdunstungsschutz.

Die Kennzeichen der Kakteen

Kakteengewächse sind sukkulente Sprosspflanzen mit reduzierten oder gänzlich zurückgebildeten Blättern. Die Sprosse sind oftmals stark verdickt, sodass man sie nicht mehr als solche erkennt und deshalb als Pflanzenkörper bezeichnet. Diese sind entweder gegliedert oder haben eine gerippte

Längsschnitt durch einen Kaktus: Das Wassergewebe befindet sich hier keinesfalls gleich unter der Außenhaut, sondern im Pflanzeninneren, überlagert durch andere Schichten.

etwas »eingetrocknet« aus, (siehe Grafik links Seite 9), aber schon nach wenigen Wassergaben erholen sie sich wieder (Grafik rechts Seite 9). Dieses Phänomen erleben wir alljährlich in den Wintermonaten, wenn die Pflanzen kühl und trocken stehen.
Nicht nur die **Sukkulenz** (Dickfleischigkeit, also das Vorhandensein wassergefüllter Pflanzenteile) schützt die Kakteen vor dem

Ideal für die Schale auf dem Fensterbrett sind die winzig bleibenden Kugelkakteen der Gattung *Rebutia*.

Diese Cristata-Form von *Epithelantha micromeris* zeigt beispielhaft, wie variantenreich die Kakteenfamilie ist.

In einem Wintergarten haben Kakteen ideale Lichtbedingungen. Allerdings muss dafür gesorgt werden, dass der Standort im Winter frostfrei ist.

Oberfläche, die oftmals auch warzenähnlich ist. Hauptsprosse und Zweige wachsen meist aufrecht oder aufstrebend, manchmal auch kriechend oder hängend.

Die ganze Familie der Kakteengewächse besitzt eigenartige, so genannte **Areolen**. Areolen sind eigentlich verkümmerte Seitentriebe. Die Dornen kann man als verkümmerte Blätter betrachten. Bei manchen »urtümlichen« Kakteen kann man sogar noch echte Blätter und normale, längliche Triebe erkennen. Ein Beispiel ist die Gattung *Pereskia*. Gäbe es nicht die eingangs erwähnten Klimazonen auf unserer Erde, dann würden vermutlich die Sukkulenten und damit auch die Kakteen ein gänzlich anderes Äußeres haben.

Der Feigenkaktus *(Opuntia)* mit seinem attraktiven Habitus und der dichten Bedornung darf in keiner Kakteensammlung fehlen.

Coryphanta bergeriana fällt besonders durch ihre herrlichen gelben Blüten mit den roten Staubgefässen auf.

Bei *Epiphyllum* gibt es inzwischen sehr viele Hybriden, die sich alle durch große, weit geöffnete Röhrenblüten auszeichnen.

Wuchsformen

Die Cactaceae haben variantenreiche Vertreter in Form, Farbe und Größe: Manche sind kugelförmig und werden nicht größer als 2 cm, andere Kugeln wiegen bis zu mehreren Tonnen. Dann gibt es säulenförmige, bis 20 m hohe und auch solche, die wie verzweigte Bäume aussehen. Auch rankende und hängende Vertreter kommen vor, beispielsweise in den Gattungen *Rhipsalis* oder *Lepismium*.

Für etwa fünf Tage zeigt die gruppenbildende Kakteenart *Mammillaria guelzowiana* in der Blütezeit ein dichtes violettes Blütenmeer.

Weiß blüht *Gymnocalycium vatteri* aus Argentinien. Seine Blüten sind 5 cm groß und von einem leuchtenden Weiß.

Interessant sind die unterschiedlichen Dornenformen bei den Kakteen. Dieser *Ferocactus* (links) hat stark ausgebildete rötliche Randdornen, die Mitteldornen sind hell, gebogen und nadelfein. Ganz anders sieht die Bedornung beim *Cephalocereus* aus (Mitte). Hier sieht man von den eigentlichen gelblichen Dornen nichts, sie werden durch die dichte weiße Behaarung verdeckt. Kakteen können auch fast dornenlos sein (rechts); deutlich erkennt man aber noch auf den Rippen winzige Dornenreste. Arten, die kaum noch eine Bedornung aufweisen, findet man beispielsweise in den Gattungen *Melocactus, Epiphyllum, Rhipsalis, Ariocarpus, Astrophytum, Aztekium, Frailea.*

Blüten

Die Blüten sind bei Kakteen zumeist sehr auffallend, groß als Einzelblüte oder dicht als üppiger Blütenkranz. Die Farben sind oftmals leuchtend, um Insekten zum Bestäuben anzulocken. Nachtblühende Kakteen strömen einen starken Duft aus und ziehen damit Nachtfalter, Insekten und sogar Fledermäuse an.

Die Dornen

Die Vielfalt der ausgebildeten Dornen ist ähnlich groß wie die der Wuchsformen. Einige Kakteen haben starre Dornen, bei anderen sind sie als weiche, wollige Haare ausgebildet. Schließlich gibt es Arten, deren Dornen sich gänzlich zurückgebildet haben.

Die Formen und Färbungen der Dornen sind unwahrscheinlich variantenreich: Sie können nadel-, pfriem-, hakenförmig, aber auch gerade und starr sein. Oft sind sie als Borsten, Haare oder gefiederte Auswüchse ausgebildet. Dichte, helle Dornen schützen die Pflanze vor der Sonne und vor zu starker Verdunstung. Stechende nadel- und hornartige Dornen wehren nagende Tiere ab.

Erwiesen ist außerdem, dass vor allem die haarförmigen Dornen mancher Arten die Fähigkeit besitzen, Wasser aus Nebel und dem Morgentau aufzunehmen und damit die Pflanze zu versorgen. Dies ist besonders in langen Trockenperioden für Kakteen oftmals die einzige Feuchtigkeitsquelle und somit überlebenswichtig.

Kakteen richtig pflegen

Kakteen brauchen, wie andere Zimmerpflanzen auch, viel Pflege. Sogar dann, wenn es nicht so offensichtlich erscheint.

Auch wenn sie als wahre Überlebenskünstler berühmt sind, so sollte man den Kakteen, will man Freude an ihnen haben, das zukommen lassen, was sie benötigen. Gewiss: Kakteen nehmen es nicht übel, wenn sie einmal

Ein Fensterregal bietet bei optimalen Lichtverhältnissen vielen Kakteen Platz.

14 Tage ohne Pflege auskommen müssen, aber gut tut es ihnen auch nicht.

Viel Licht

Kakteen haben ein großes Bedürfnis nach viel Licht. Damit haben wir in unseren Breiten jedoch Schwierigkeiten, denn selbst an einem hellen Sommertag beträgt die Lichtintensität bei uns am Fenster im Vergleich zum Hochland von Mexiko nur etwa die Hälfte.

Wegen des **hohen Lichtbedarfs** stehen Kakteen am Nordfenster nicht richtig. Dank ihrer unglaublichen Anpassungsfähigkeit würden sie zwar am Leben bleiben, aber nur kümmern und wahrscheinlich nie zum Blühen kommen. Deshalb sollte man einen möglichst hellen Standort wählen. Auch **Frischluft** ist für Kakteen wichtig, wenn sie frei von Schädlingen und widerstandsfähig bleiben sollen.

Eine Vitrine, direkt in Fensternähe, ist ebenfalls ein geeigneter Platz für die Pflanzen. Wählen Sie ein Glas mit einer großen Oberöffnung, damit ausreichend frische Luft vorhanden ist. Als unterste Substratschicht kommt mit groben Kieseln vermischter Sand hinein. So vermeiden Sie die Staunässe.

Wenig Wasser ist gerade richtig

Kakteen gar nicht zu gießen, ist auf jeden Fall falsch, wenig gießen kommt der Sache schon

Mit einem Bogen Papier können Sie ihre Kakteen vor Zugluft und zu kalter Luft schützen.

Mein Rat

Während der starken Mittagssonne bedecke ich meine Kakteen am Südfenster mit einem Bogen Seidenpapier.

wasser mit einem Filter (im Handel erhältlich) selbst enthärten. Eine andere Möglichkeit besteht darin, einen mit Torf gefüllten Mullbeutel über Nacht in das zum Gießen bestimmte Wasser zu hängen. Der Torf ist aber nur einmal verwendbar!

Wärme im Sommer

Im Sommer kann es den meisten Kakteen gar nicht warm genug sein. Allerdings muss bei hohen Temperaturen und bei starker Lichtintensität auch relativ viel gegossen werden.

näher. Die Lösung ist: Je nach Gattung, Alter, Jahreszeit, Temperatur und Licht sollte man Kakteen mit der richtigen Menge Wasser versorgen. In der Hauptwachstumzeit benötigen sie viel Feuchtigkeit. Wenngleich ein Kaktus nicht sofort signalisiert, dass er am »Verdursten« ist, so wächst er natürlich entschieden besser, wenn er ausreichend mit Wasser versorgt wird. Doch beim Gießen müssen Sie vorsichtig sein, denn Kakteen faulen leicht, besonders in der Nähe des Stammansatzes. Deshalb **immer erst dann gießen, wenn das Substrat völlig ausgetrocknet ist.** Junge Pflanzen brauchen generell aber etwas mehr Feuchtigkeit, sie stehen allerdings auch wärmer, sogar im Winter.

Ideales Gießwasser ist **Regenwasser,** weil Kakteen einen leicht sauren pH-Wert bevorzugen. Manche Kakteen reagieren außerdem empfindlich auf zu hartes Wasser. Erkundigen Sie sich beim örtlichen Wasserwerk nach dem **Härtegrad.** Falls nötig, können Sie Leitungs-

Kakteen niemals direkt auf den Pflanzenkörper gießen, immer nur die Erde benetzen!

In Steingärten fühlen sich winterharte Opuntien wohl. Andere Kakteen und Sukkulenten leisten ihnen den Sommer über Gesellschaft, wenn Sie die Töpfe in das sandige Substrat einsenken.

Die Temperaturansprüche ändern sich bei den Pflanzen je nach Lebensphase: Junge Stecklinge und Sämlinge benötigen auf jeden Fall mehr Wärme als ältere Kakteen. Da Sukkulenten großen Bedarf nach frischer Luft haben, sollte man sie den Sommer über ruhig in den Garten oder auf den Balkon stellen. Das bekommt ihnen auf jeden Fall sehr gut, und sie entwickeln genügend Widerstandskraft für die Zeit im Winterquartier. Schädlinge und Pilzkrankheiten haben bei kräftigen, gut gepflegten Pflanzen deutlich geringere Chancen, sich anzusiedeln und auszubreiten.

Mein Rat

Kakteen stelle ich im Freien nicht gleich in die volle Sonne, sondern suche ihnen zunächst einen halbschattigen Platz, bis sie sich wieder draußen eingewöhnt haben.

Kühle im Winter

Die meisten Kakteen müssen im Winter unbedingt **hell**, **kühl** und **trocken** stehen. In dieser Zeit wachsen sie zwar nicht oder nur sehr wenig, aber sie bereiten die Blüten des nächsten Jahres vor. Wenn man keinen kühlen Platz bieten kann, sollte man sich Kakteen wie *Mammillaria schiedeana, Schlumbergera truncata* und *Rhipsalis* anschaffen, denn diese brauchen auch den Winter über Wärme, weil sie dann ihre Hauptwachstums- und Blütezeit haben.

Die meisten Kakteen überwintern am besten bei 5–10 °C. *Rebutia* verträgt es sogar noch kühler, nur Frost darf sie nicht bekommen. Dies sind aber nur Richtwerte. Vor besonders kalten Frostnächten kann man zum Schutz der Kakteen ein Stück Pappe zwischen Pflanze und Fensterscheibe schieben. Und trotz Kühle immer für frische Luft sorgen! Gegossen wird in der Ruhezeit gerade so viel, dass die Kakteen am Leben bleiben. Das hat zwar mitunter ein Einschrumpeln zur Folge. Aber sobald der Kaktus wieder genügend Licht, Wärme und Feuchtigkeit bekommt, strafft sich sein Pflanzenkörper. Wichtig ist, dass der Winterstandort auch hell ist, denn Kakteen reagieren besonders im Winter sensibel auf zu wenig Licht. Sie bilden dann gestreckte Körper, sie »vergeilen«. Säulenkakteen bekommen dünne Spitzen, die als »hässliche Einschnürungen« erhalten bleiben und das Erscheinungsbild der Pflanzen beeinträchtigen.

Das Frühjahr – Beginn des Wachstums

Sobald die Tage länger werden – etwa ab Ende Februar –, ist es vorbei mit dem Winterschlaf: Die Kakteen werden mit lauwarmem

Mein Rat

Junge oder auch gerade erworbene Kakteen stelle ich in kalten Nächten auf Kork, damit sie einen »warmen Fuß« behalten.

Wasser abgebraust oder besprüht und warm und hell – auf keinen Fall aber in die pralle Sonne – gestellt. Zudem bekommen sie auch frische Erde, werden vorsichtig wieder gegossen und nach etwa drei Wochen das erste Mal gedüngt.

Substrat und Nährstoffe

Kakteen brauchen ein sehr durchlässiges Substrat; die Erde muss also so beschaffen

Im frostfreien und hellen Keller oder in der Garage lassen sich die Kakteen ebenso überwintern wie die Kübelpflanzen von der Terrasse.

sein, dass es nicht zu stauender Nässe kommen kann. **Kakteenerde** darf aber nicht zu viel Stickstoff enthalten. Durchaus gut als Ausgangssubstrat ist die so genannte Geranienerde geeignet. Selbstverständlich sind die handelsüblichen Kakteenerden empfehlenswert. Ich mische unter meine Komposterde immer eine Hand voll Quarzsand für eine bessere Drainage.

Spezielle Dünger für Kakteen

Kakteen haben empfindliche Faserwurzeln und müssen deshalb vorsichtig gedüngt werden. Niemals bei praller Sonne düngen,

Nach dem Winter sollten Sie die Kakteen abstauben, wie hier dieses Greisenhaupt *(Cephalocereus)*.

denn es könnte sein, dass die Sonneneinstrahlung zum Auskristallisieren der Nährsalze führt und dadurch die Wurzeln geschädigt werden. Kakteen sind also nur dann zu düngen, wenn das Substrat feucht ist. Die günstigste Zeit zum Düngen ist von Mai bis Anfang August.

Stets Kakteen-Spezialdünger verwenden, denn dieser enthält weniger **Stickstoff** als andere Dünger. Ein Zuviel an Stickstoff führt bei Kakteen wie auch anderen Pflanzen nämlich zu dicken, fleischigen, aber »schwachen«, nicht widerstandsfähigen Körpern. Kakteendünger sollte **Phosphor** enthalten, weil dies allgemein die Blühfreudigkeit steigert. **Kalium** erhöht dagegen die Widerstandskraft der Pflanzen gegenüber Krankheiten und trägt zur Festigkeit des Gewebes bei. **Calcium** ist verantwortlich für den Aufbau der Zellwände. Auch **Magnesium** sollte im Kakteendünger enthalten sein, da es für die Assimilation eine wichtige Rolle spielt.

Man sollte Kakteen etwa im Abstand von drei Wochen düngen. Frisch umgetopfte Kakteen und Kakteenstecklinge oder Sämlinge werden dagegen nicht gedüngt. Gedüngte Kakteen zeigen gegenüber ungedüngten Pflanzen ein deutlich besseres Aussehen. Ihr Wachstumsschub ist unübersehbar, ihr Dornenkleid prächtiger ausgefärbt, und die Blühwilligkeit steigert sich – aber nur, wenn gleichermaßen Licht und Wärme sowie Feuchtigkeit vorhanden sind. Ein guter Rat aus der Praxis: Ich dünge meine Kakteen letztmalig im August, damit sie voll ausgereift, ohne zarte und empfindliche junge Triebe, in den Winter starten können.

1 Der Anteil von sauberem Kies soll bei Kakteenerde wegen der guten Wasserdurchlässigkeit sehr hoch sein.

2 Den Kaktus vorsichtig aus dem alten Topf nehmen. Als Schutz vor den Dornen dient auch einen Lappen oder eine Zeitung.

3 Das frische Substrat wird nun ringsherum um die Pflanze aufgefüllt. Sie können auch einen Löffel verwenden.

4 Mit einem Stäbchen wird die Erde rund um den Kaktus nur wenig und vorsichtig angedrückt.

Kakteen umtopfen

Kakteenwurzeln wachsen relativ langsam; deshalb schadet ihnen ein zu häufiges Umtopfen mehr, als dass es ihnen nutzt. Beim Umtopfen muss man einiges beachten: Die **Gefäße** sollten stets gründlich gesäubert werden. Für Kakteen ist es unerheblich, ob die Töpfe aus **Plastik oder Ton** bestehen. Bedenken sollten wir, dass nur wenige Arten Pfahlwurzeln haben, die meisten sind Flachwurzler. Es reichen also **schalenähnliche Töpfe.**
Wie gehen wir vor? Zum einen braucht man für die meisten dieser dornigen Pflanzen Handschuhe oder eine zusammengerollte Zeitung, will man diese Prozedur ohne Verletzungen überstehen.
Der Topf mit der Pflanze wird vorsichtig auf der Kante rundherum abgeklopft, damit sich das Substrat lockert. Im neuen Topf befinden sich auf dem Boden einige gebrochene Tonscherben und größere Kiesel, um die Wasser-

führung zu begünstigen. Dann gibt man ein wenig von der frischen Erde hinein und hält die Pflanze in der Mitte des Topfes so, dass sich ringsherum die Erde leicht anfüllen lässt. Kakteen werden nur leicht angedrückt. Säulenkakteen sollte man mit kleinen Stäbchen Halt geben. Im Gegensatz zu anderen Zimmerpflanzen gießt man Kakteen nicht sofort nach dem Umtopfen an, sondern erst ein bis zwei Tage später.
Ein Kaktus darf nicht zu tief eingetopft werden! Er schlägt dann an seinem Spross nämlich nicht aus wie etwa eine Weide, sondern beginnt unweigerlich an der Basis zu faulen.
Nach dem Umtopfen bekommen die Kakteen einen zugluftsicheren, hellen und warmen Platz auf der Fensterbank oder, falls vorhanden, im Gewächshaus.
Eine Beobachtung habe ich gemacht: Die Töpfe mit mehrtriebigen Kakteen und Blattkakteen sind wesentlich rascher durchwurzelt als die von Säulen oder Kugeln.

Mein Rat

Den Kaktus vor dem Umtopfen nicht mehr gießen, weil man so am besten ohne Wurzelschaden die alte Erde abschütteln kann.

Auf Hydrokultur umstellen

Will man Kakteen, die bisher in Erde wurzelten, in Hydrokultur umsetzen, so muss aus den Wurzeln jeder noch so kleine Erdkrümel

Diese *Mammilaria* fühlt sich ausgesprochen wohl im Hydrotopf.

entfernt werden. Am besten geschieht dies unter einer lauwarmen Brause. Dann werden die Kakteen vorsichtig in das Haltesubstrat eingesetzt.

Das Haltesubstrat kann normaler Blähton sein, doch auch Plastikkügelchen oder Kieselsteinchen sind geeignet. Hauptsache, es enthält keine pilzlichen oder anderen Erreger und gibt der Pflanze wirklich Halt. Im äußeren Topf befindet sich normalerweise die Nährlösung. In den ersten 14 Tagen genügt aber reines Wasser, bis sich die Pflanze an die neuen Bedingungen gewöhnt hat. Erst dann beginnt man mit einer Lösung, deren Konzentration noch schwach ist. Nach weiteren zwei Wochen kann man die Lösung stärker ansetzen. Als Nährlösung verwendet man einen Spezial-Hydrodünger mit Ionenaustauscher, da dieser eine optimale Aufnahme durch die Wurzeln bewirkt. Bei normalen Flüssigdüngern funktioniert dieses nicht. Wichtig ist, dass der Wasserstand bei Kakteen niemals zu hoch ist, sonst kann es leicht zu Stängelfäule kommen. Den Winter über braucht man keinerlei Nährstoffe hinzuzufügen. Es reicht, wenn das Haltesubstrat aller zwei Wochen einmal mit etwas Wasser begossen wird, um die Wurzeln nicht gänzlich austrocknen zu lassen.

Als Faustregel kann gelten: Jene Kakteen und andere Sukkulenten, die sich durch Stecklinge vermehren lassen, sind zumeist auch für ein Umstellen auf Hydrokultur geeignet. Sie überstehen diese Prozedur, die man möglichst zu Beginn der Wachstumsperiode, also nicht im Spätherbst oder Winter, vornehmen sollte ohne Probleme.

Kakteen selbst vermehren

Die günstigste Zeit für alle Vermehrungs-
methoden ist die Zeit von Frühsommer bis
Hochsommer.
Wie alles bei Kakteen, so erfordert auch die
eigene Vermehrung Sorgfalt und vor allem
sehr viel Geduld.

Anzucht aus Samen

Die **Aussaat** ist die verbreitetste Methode.
Mit ihr kann man fast alle Kakteenarten
und -gattungen erfolgreich vermehren. Den
Samen erhält man im Fachhandel. Man be-
nötigt außerdem eine flache Aussaatschale,
etwas sauberen Sand oder sandige Erde
und eine Glasscheibe, die man über die
Schale legt.
Kakteensamen braucht zum Keimen nicht
nur lange Zeit, sondern auch ein spezielles
Mikroklima, nämlich viel Wärme und eine
relativ hohe Luftfeuchtigkeit. Beides geben
wir ihnen mit dem Abdecken der Saatschale.
Am besten ist es, wenn man im April oder
Mai mit der Aussaat beginnt, weil dann die
nächsten Wochen mit Sicherheit Wärme und
Licht bringen.
Kakteen (außer *Opuntia*) sind **Lichtkeimer,**
die Samen werden also nicht mit Erde be-
deckt. Wichtig ist, dass die Aussaaten von
Anfang an gut beschriftet werden, denn noch
Monate nach dem Auflaufen lassen sich die
Keimlinge nur äußerst schwer voneinander
unterscheiden.

Kakteenaussaaten sofort mit Namensschildern
versehen, weil sich die Sämlinge anfangs kaum
unterscheiden.

Wenn die jungen Sämlinge so dicht wie hier
stehen, ist es Zeit, sie zu pikieren.

Astrophytum keimt bereits nach fünf Tagen,
Opuntia hingegen braucht fünf Wochen, bis
sich die ersten Keimlinge zeigen. Dauert das
Keimen so lange, dann ist unbedingt zwischen Glasplatte und Schale ein Stöckchen
zu schieben, um durch frische Luft Fäulnis
vorzubeugen. Stoßen die Sämlinge gar an die

Scheibe an, ist es an der Zeit, diese gänzlich wegzunehmen.

Jetzt **pikiert** man die Sämlinge, das heißt man vereinzelt sie. Das künftige Substrat in der etwas höheren Schale kann nährstoffreicher als die Aussaaterde sein. Lässt man das Substrat vor dem Pikieren einige Zeit austrocknen, bekommt man die Sämlinge ohne Probleme aus der Erde heraus.

Zum Pikieren selbst verwendet man eine ab-gerundete stumpfe Pinzette und eine Pikiergabel. Diese kann man aus einem Holzetikett leicht selber basteln: einfach an der schmalen Seite einen kleinen spitzen Einschnitt machen. Mit der Pinzette greift man die Keimlinge vorsichtig, schiebt nun die Pikiergabel unter den winzigen Pflanzenkörper und setzt sie in die Pikiererde, in die man zuvor eine Vertiefung gebohrt hat. Anschließend werden die Keimlinge warm, zugluftsicher und feucht gehalten. Bei praller Mittagssonne hilft zum Beschatten ein Stück Seidenpapier, das über die Pflanzen gelegt wird.

Die frisch pikierten Kakteen müssen langsam an volle Sonne gewöhnt werden. Wird es nach Wochen zwischen den Kakteen wiederum zu eng, pikiert man ein weiteres Mal.

Das Substrat kann schon nährstoffreich sein,

1 Ein Ableger oder Kindel wird einfach mit einem scharfen Messer abgetrennt. Dabei ist es wichtig, dass das Messer sauber ist, eine Rasierklinge ist auch geeignet.

2 Die Schnittfläche muss einige Tage trocknen, um Fäulnis vorzubeugen. Man kann die Schnittflächen auch vorbeugend mit Holzkohlepulver einpudern.

denn je größer die Pflanze ist, umso mehr Nährstoffe braucht sie. Im nächsten Frühjahr können die jungen Kakteen dann in separate Töpfe gesetzt werden.

Teilung und Kindelvermehrung

Es gibt Kakteen, die sich durch Teilen oder durch das Abtrennen von Sprosskindeln gut vermehren lassen. Dies nennt man **Stecklingsvermehrung.** Wichtig für den Erfolg ist ein scharfes und sauberes Messer, damit der Schnitt so glatt wie möglich ausgeführt wird. Am Anfang sollte man es erst einmal mit Blattkakteen *(Schlumbergera, Nopalxochia, Epiphyllum)* versuchen.

Man wählt ein kräftiges und gesundes Blatt aus und schneidet dieses im unteren Drittel mit dem Messer ab. Dann wird das Blatt in 5–7 cm lange Teilstücke geschnitten. Diese bleiben etwa drei Tage offen an der Luft liegen, bis die Schnittwunden getrocknet sind. Erst danach steckt man die Stücke aufrecht etwa 2 cm tief in das sandreiche Substrat und drückt sie leicht an. Stehen sie hell (keine direkte Sonne!) und warm, so bilden sich bei öfterem Gießen bereits nach einem Monat Wurzeln, und die Pflanzen können eingetopft werden.

Blattstecklinge nur von gesunden und kräftigen Pflanzen nehmen. Die Schnittfläche sollte auch hier an der Luft trocknen, ehe der Steckling in das Substrat gesteckt wird.

Kakteen pfropfen

Kakteen, die schlecht Wurzeln bilden, langsam wachsen oder nur schwer unter unseren Bedingungen zum Blühen kommen, kann man sozusagen »beschleunigen«, indem man sie **pfropft** oder **veredelt.** Als Unterlage eignet sich eine Gattung, die schnellwüchsig und/oder blühwillig ist. So ausgerüstet, wächst mancher Kaktus doppelt so rasch wie in wurzelechter Form. Es gibt auch Arten, die nur als Veredelungen wachsen, zum Beispiel die farbigen Formen von *Gymnocalycium mihanovichii* f. *rubra* (siehe Seite 56). Um sicher zu gehen, dass die Unterlage

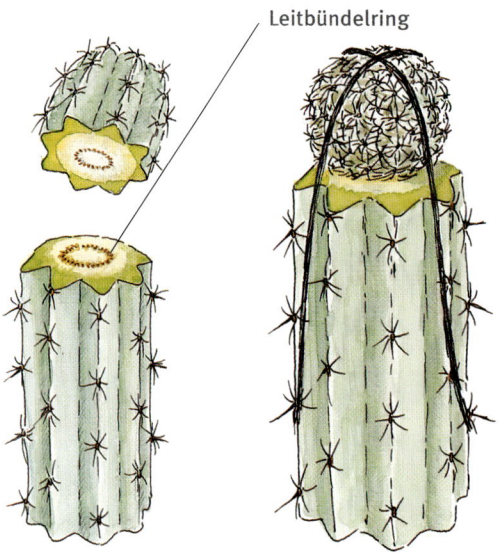

Leitbündelring

Beim Veredeln ist es wichtig, dass die Leitbündel-ringe des Pfröpflings genau auf die Gefäße der Unterlage treffen. Gummiringe fixieren diese Verbindung.

kräftig genug ist, wähle ich sie bereits ein halbes Jahr zuvor aus und dünge sie häufiger als die anderen Pflanzen. Auch achte ich besonders auf eventuelle Schädlinge.

Als Hilfsmittel zum Pfropfen braucht man ein dünnes und scharfes Messer, eine Pinzette, Gummiringe und einen Lappen. Der Schnitt wird an der Stelle der Unterlage angesetzt, an der der frischgrüne Vorjahrestrieb beginnt.

Er erfolgt nun ziehend waagerecht durch die Unterlage und sollte etwa im oberen Drittel liegen. Die oberen Areolenringe der Unterlage können abgekantet werden, um ein seitliches Austreiben zu verhindern. Dann wird der Pfröpfling mit seiner ebenso frischen Schnittstelle so auf die Unterlage aufgelegt, dass die ringförmigen Leitgefäßbündel beider Kakteen genau zusammentreffen. Ein leichtes Drehen und Drücken beseitigt die Luftbläschen an der Schnittfläche.

Der gesamte Vorgang muss rasch und bei peinlichster Sauberkeit erfolgen. Das Messer wird nach jedem Schnitt gereinigt und mit dem Lappen abgetrocknet. Befestigt wird alles mit Gummiringen. Zuerst einen Gummi unter den Topf ziehen, dann den Ring über die Pflanze spannen und ihn vorsichtig auf den Pfröpfling gleiten lassen. Pro Pflanze möglichst zwei Ringe kreuzweise verwenden.

Die veredelten Kakteen werden nun bei etwa 25–30 °C an einen trocknen, luftigen und hellen, aber nicht sonnigen Platz gestellt.

Die Schnittflächen dürfen die nächsten zwei Wochen nicht mit Wasser in Berührung kommen. Danach kann man die Gummis zerschneiden.

Mein Rat

Nach dem Schneiden pudere ich die Schnittstellen mit Holzekohlepulver ein, um Fäulnis vorzubeugen.

Was fehlt meinem Kaktus?

Im Allgemeinen sind Kakteen robuster als andere Zimmerpflanzen. Dies stimmt aber nur zum Teil. Kakteen reagieren nur nicht so rasch auf Kulturfehler oder Krankheiten und Schädlinge wie andere Pflanzen. Auch sind die gefährlichsten und hartnäckigsten Krankheiten und ihre Erreger, zum Beispiel Spinnmilbe, Rote Spinne und Wollläuse, oft nicht so leicht auszumachen. Viele Schädlinge sind sogar nur mit einer Lupe zu erkennen. Deshalb sollte man diese immer in der Nähe haben, um die Kakteensammlung ständig genau beobachten zu können.

Gute Pflege ist die beste Vorbeugung

Das A und O eines vorbeugenden Pflanzenschutzes ist die richtige Haltung. Denn eine durch und durch mit ihrem Umfeld »einverstandene« Pflanze wird selten oder nur schwer einem Erreger zum Opfer fallen. Geschwächte oder verweichlichte Pflanzen hingegen haben keine Chance.
Fast immer gehen **Kulturfehler** einem Schädlings- oder Krankheitsbefall voraus. Zum Beispiel ist die Stängel- oder Fußfäule die Folge von pilzlichen Erregern, die sich nur unter bestimmten Umständen ansiedeln. Im Anfangsstadium sind Kulturfehler immer reparabel. Stehen Kakteen im Winter warm und feucht, bilden sich dünne, hellgrüne Triebe, die sich deutlich vom sonstigen Korpus unterscheiden. Jede Standortstörung – auch feh

lende Feuchtigkeit oder Nährstoffmangel – wird mit einer Störung des Dickenwachstums beantwortet.
Die so genannte **Stängel-, Wurzel-** oder **Sprossfäule** ist oftmals nur die Folge von nasser Erde, zu tiefem Eintopfen, verstärkt vielleicht noch durch falsche Temperaturen. **Brandflecken** sind Signale auf eine Unverträglichkeit der Sonnenintensität. Hier hilft schon ein anderer Standort.
Auch sollte man niemals den gesamten

Diese Einschnürungen an Säulenkakteen stammen von Lichtmangel oder starken Temperaturschwankungen im Winterquartier.

Pilzliche Erreger haben die innere Fäulnis dieses *Astrophytum* herbeigeführt. Als eigentliche Ursache sind aber Kulturfehler zu sehen.

Pflanzenkörper gerade dann abbrausen, wenn er in der Sonne steht. Wassertröpfchen wirken immer wie kleine Brenngläser und potenzieren die Wirkung der Sonneneinstrahlung. **Wärmemangel** führt zu Wachstumspausen –

Mein Rat

Wer keine Möglichkeit hat, seine Kakteen wintergerecht aufzustellen, sollte sie im Spätherbst austopfen, dick in mehrere Lagen Zeitungspapier einwickeln und dann einfach eingewickelt an einen kalten Platz legen.

wenn nicht gar zum Absterben der Pflanzen, wenn sich als Folge auch noch pilzliche Erreger erfolgreich ausbreiten können. Dies gilt natürlich nicht, wenn die Pflanzen ihre Ruhepause haben. Dann »ruht« ja im wahrsten Sinne des Wortes das Wachstum, weil gleichermaßen Feuchtigkeit und Licht minimiert sind. Nur wenn niedrige Temperaturen einhergehen mit viel Wasser, kommt es unweigerlich zu Schäden.

Lichtmangel hat die gleichen Erscheinungsbilder bei Kakteen wie zu viel Wärme und Feuchtigkeit im Winter: Die Triebe werden hell, fast gelblich, bleiben schwach und dünn. Säulenkakteen wachsen in diesem Fall nicht mehr als eine harmonische Säule heran, sondern bekommen dünne Spitzen, an die sich ab Frühjahr wieder das normale Dickenwachstum anschließt.

Kugelkakteen bleiben nicht rund, sondern bilden kleine Spitzen. Auf der Suche nach Licht strebt der Kaktus dem wenigen Licht entgegen und deformiert sich.

Pilzkrankheiten

Die pilzlichen Krankheiten erkennt man zumeist an dem grauschimmeligen Belag auf der Oberseite der Pflanzen. Allerdings sind auch Fäulniserscheinungen am Stängelgrund und an den Wurzeln meistens die Folge von Pilzkrankheiten.

Oftmals machen sich auch bei den Sämlingen in der Aussaatschale pilzliche Erreger breit. Hier hilft nur ein Entfernen der befallenen

Woll- und Schmierläuse suchen sich mit Vorliebe schwer zugängliche Pflanzennischen aus, wie hier zwischen den Rippen und Dornen.

Pflanzenteile oder der ganzen Pflanze. Dabei sollte man vorsichtig vorgehen, weil Pilze Sporen haben, die leicht auffliegen und sich dann weitervermehren. Größere Kakteen kann man aber leicht durch Pfropfen retten (siehe Seite 23).

Pilzkrankheiten hängen meist mit mangelnder Frischluft, zu viel Nässe oder mangelnder Wärme zusammen. Kakteenstandorte, an denen Pilzkrankheiten festgestellt wurden, müssen sorgfältig gereinigt werden, um eventuelle Sporen, zum Beispiel an der Fensterscheibe, zu beseitigen.

Schädlinge

Zweifellos stehen bei den tierischen Schädlingen die Läuse an erster Stelle. Mitunter werden die Pflanzenkörper gelblich, schrumpfen und wachsen gar nicht weiter. Dann können **Woll-** und **Schmierläuse** die Ursache sein. Man erkennt sie an ihrem weißlich wolligen Gespinst, in dem sich die Eier der Wollläuse befinden. Die braungrauen Läuse stechen die Pflanzen an und saugen ihren Saft aus. Sie treten vor allem dann auf, wenn die Kakteen im Winter zu warm stehen. Besonders an den Achseln oder an den Areolen sind sie zu finden. Als erstes muss man die Läuse absammeln und die Gespinste mit einem in Speiseöl getauchten Pinsel betupfen. Auf diese Weise ersticken wir die Eier und die Läuse. Mit großer Sicherheit geht ein Wollläusebefall mit Wurzelläusen einher.

An den Wurzeln sitzen oftmals ähnliche Gespinste, die auch ähnliche Schadbilder zei-

Mein Rat

Lobivia (= Chamaecereus) silvestrii ist sehr empfindlich und leicht anfällig für Spinnmilben. Hat man ihn auf seinem Fensterbrett, so braucht man nur hier nachzuschauen, ob Spinnmilben anwesend sind. Ist er gesund, ist die gesamte Kakteensammlung gesund.

gen. Dies sind aber **Wurzelläuse.** Sie haben wurzelähnliche, weißliche, wachsartige Gebilde, die man leicht mit feinen Faserwurzeln verwechseln kann. Man entdeckt sie beim Austopfen. Die alte Erde entfernen wir dann restlos, tauchen die Wurzeln vorsichtshalber in eine Spülmittellösung und brausen sie danach ab. Anschließend wird die Pflanze in frische Erde eingetopft, nachdem man auch den Topf gründlich gesäubert hat.

Schildläuse treten häufig bei Kakteen auf, besonders an Säulen- und Felsenkakteen. Die Läuse sitzen mit ihren Eiern unter einem rundlichen, braun gefärbten Schild. Wir können sie mit einem in Spiritus getränkten Wattestäbchen entfernen. Dabei unbedingt die Erde abdecken, um einen erneuten Befall zu verhindern. Schildlausbefall führt oft zum Abwerfen von Knospen und Sprossteilen. Aber auch das satte Grün eines Kakteenkörpers leidet, die Pflanzen werden gelblich.

Der viel gepriesene sommerliche Standort im Freien erfordert von uns eine größere Aufmerksamkeit im Entdecken tierischer Schädlinge. Zum Beispiel haben **Ameisen** eine Vor-

liebe für Samenkörner aus den bereits reifenden Früchten. Auch eine einzelne Ameise sollten wir sofort entfernen, weil sie die Staubgefäße von Blüten benagt. An Kakteen sind Ameisen oft ein Hinweis auf Blattläuse. Denn die beiden gehen eine Art Symbiose ein: Die Ameisen ernähren sich vom Honigtau, den die Blattläuse ausscheiden. Die befallene Stelle zeigt Fraßspuren, an denen die Ränder verkrusten. Mit einem starken Wasserstrahl lassen sich die Blattläuse leicht abspülen.

Unter dem Namen **»Rote Spinne«** sind die **Spinnmilben** bekannt. Sie gehören zu den schlimmsten Schädigern der Kakteen, weil man sie meist nur mit einer Lupe erkennen

Schildlausbefall an einem Blattkaktus. Bevorzugt werden die Blattunterseiten befallen, deshalb ständig überprüfen!

Schadbild der Roten Spinne.

seiten der Töpfe sind zumeist der Sammelpunkt der Schnecken. Also auch hier nachschauen! Denn ihre Fraßspuren sind sonst nicht zu übersehen.

Asseln ernähren sich zumeist von abgestorbenen organischen Materialien. Manchmal haben sie es aber auch auf Kakteen abgesehen. Sie hinterlassen die gleichen hässlichen Fraßstellen wie Schnecken, nur eben ohne die verräterische Schleimspuren. Mit einer ausgehöhlten Kartoffel erwischt man sie doch, denn darunter verstecken sich die Asseln mit Sicherheit den Tag über. Erst nachts gehen sie auf unsere Kakteen los. Dann kann man sie leicht entfernen.

kann. Umso deutlicher ist das zu sehen, was sie anrichten: Graubraune, gelbliche, später braune Flecken, die sich ausdehnen. Besonders um den Scheitel herum ist der Pflanzenkörper geschädigt. Die winzigen rötlichen Insekten befinden sich in einem Gespinst feiner weißlicher Fäden, zerstören das Chlorophyll und machen die Spaltöffnungen für den Stoffwechsel unbrauchbar. Zu trockene Zimmerluft begünstigt ihr Auftreten. Deshalb bei warmem Platz die Kakteen öfter abbrausen oder besprühen. Auch Frischluft ist wichtig. Befallene Kakteen müssen sofort isoliert werden. Im Zimmer werden **Schnecken** wohl kaum auftreten, aber sie lassen sich leicht aus dem Sommerquartier des Gartens einschleppen. Deshalb zuvor alles nach den bekannten Schleimspuren absuchen. Sogar dichtbedornte Kakteen werden befallen. Die Unter-

Auf einen Blick

- Kakteen sind ausgesprochen variantenreich. Es gibt kugelförmige, die nicht größer als 2 cm werden, andere wachsen säulenförmig und werden bis zu 20 m hoch.
- Als Sukkulenten, die in verdickten Sprossteilen Wasser speichern, können sie auch längere Trockenperioden unbeschadet überstehen.
- Kakteen brauchen vor allem viel Licht und Frischluft.
- Beim Substrat auf gute Durchlässigkeit achten, da Staunässe zu Fäulnis führt.
- Fast alle Kakteen kann man relativ problemlos selbst vermehren.
- Werden Kulturfehler vermieden und die Pflanzen regelmäßig kontrolliert, lassen sich die meisten Krankheiten und Schädlinge in den Griff bekommen.

Die schönsten Kakteen im Porträt

Nach Europa gelangten die Kakteen durch die Entdeckung Amerikas. Der Systematiker Carl von Linné ordnete sie im 18. Jahrhundert in eine einzige Gattung ein, die er Cactus nannte. Ihm waren damals nur 20 Arten bekannt. Heute unterscheidet man über 1600 Kakteenarten aus etwa 130 Gattungen.

   Ausführliche Beschreibungen der beliebtesten Kakteen. Dazu viele Tipps zur Vermehrung und Pflege sowie Hinweise auf Sorten und verwandte Arten.

Erklärung zu den Symbolen

Symbolleiste:
Die Symbolleiste gibt in Kurzform Auskunft über den Lichtanspruch, die Blütezeit, den Wasserbedarf und die Vermehrungsart der Pflanze.

Lichtansprüche
☀   Die Pflanze bevorzugt einen sonnigen Platz.
◐   Die Pflanze braucht einen halbschattigen Standort.
●   Die Pflanze verträgt Schatten.

Blütezeit
✿   Monate der Blütezeit.

Wasserbedarf
      Die Pflanze benötigt wenig Wasser.
      Die Pflanze benötigt mäßig Wasser.
      Die Pflanze benötigt viel Wasser.

Vermehrung
V A.   durch Aussaat.
V St.   durch Steck linge.
V Teil. durch Teilung.
V Ki.   durch Kindel.
V Pfr. durch Pfropfen.

Dornenkelch

Acanthocalycium

  ☀ – ◐   ❀ 5 – 7    V Aussaat

Dieser Kaktus stammt aus Nordargentinien. Dort wächst *Acanthocalycium* in einer Höhe von 1 000 m ü. d. M. Beschrieben hat den Dornenkelch, der früher auch als *Echinopsis, Helianthocereus* und *Lobivia* bezeichnet wurde, der Kakteenspezialist Curt Backeberg im Jahr 1930.

Gestalt: Anfangs ist das *Acanthocalycium* kugelig, später verlängert sich der Pflanzenkörper und streckt sich.

Am Blütenkelch und am Fruchtknoten befinden sich dornig gespitzte Schuppen. Der Kaktuskörper besitzt viele Rippen und zahlreiche Dornen. Die Blüten sind trichterförmig.

Pflege: Diese Gattung zählt zu den unproble-

Acanthocalycium glaucum

matischen Kakteen; zudem ist sie schnellwüchsig. Sie braucht zum Überwintern 10 °C und absolute Trockenheit. Dann kommt sie im Frühjahr auch leicht zum Blühen.

Der Dornenkelch ist ein anspruchsloser Kaktus, der eine nährstoffreiche, leicht saure Erde, viel Licht und Luft benötigt.

Vermehrung: Durch Aussaat kann man *Acanthocalycium* leicht vermehren.

Arten:

- Am bekanntesten ist die fliederfarben blühende Form *A. spiniflorum* 'Violaceum', die z. T. als eigene Art *(A. violaceum)* betrachtet wird. Erwähnenswert sind außerdem:
- *A. glaucum* mit bläulichem Pflanzenkörper und gelben Blüten.
- *A. hyalacanthum* mit weißer Blüte.
- *A. peitscherianum* wird nur 8 cm hoch und hat weißliche lilarosa Blüten.
- *A. spiniflorum* blüht hellgelb.

Acanthocalycium spiniflorum 'Violaceum'

Schlangenkaktus, Peitschenkaktus

Aporocactus

  2 – 4 | **V** Stecklinge

Dieser dekorative Kaktus stammt aus Mexiko, er wurde im Jahre 1860 erstmals beschrieben. Früher zählte man ihn zur Gattung *Cereus*.

Gestalt: Der Schlangenkaktus ist dichtbedornt und besitzt gelbliche oder bräunliche Dornen, die im jungen Austrieb manchmal rote Spitzen haben. Seine dünnen Triebe hängen herunter. Er ist mit seinen orangefarbenen, roten bis violetten Blüten eine herrliche Ampelpflanze.

Pflege: An sich ist der *Aporocactus* pflegeleicht. Er benötigt jedoch eine nährstoffreiche Erde und sollte häufiger besprüht werden als andere Kakteen. Hierbei darf man nicht die Unterseiten der Pflanzen vergessen, denn oftmals siedeln sich hier Spinnmilben an. Im Sommer muss dieser Kaktus auch reichlich gegossen werden. Im Winter braucht er einen hellen Platz um 10 °C und sehr wenig Feuchtigkeit.

Vermehrung: Durch Stecklinge.

Arten:

- Bekannt ist die Art *A. flagelliformis*, deren Blüten karmesinfarben sind.
- *A. martianus* hat rosa oder ziegelrote Blüten.

Aporocactus flagelliformis

Mein Rat

Ich streue auf die Oberfläche – besonders am Wurzelhals – immer etwas feinen Sand, um stehende Nässe in der Nähe des Pflanzenkörpers zu vermeiden.

Astrophytum myriostigma

Seesternkaktus
Astrophytum

  4 – 10   **V** Aussaat

Aus der Steppe Mittelamerikas kommt dieser beliebte Kaktus. Er wurde im 19. Jahrhundert von dem französischen Kakteenkenner und Gartenbauschriftsteller Lemaire beschrieben. **Gestalt:** Der Seesternkaktus gehört wohl zu den beliebtesten überhaupt, weil er ganz sicher blüht und interessant aussieht. *Astrophyten* werden landläufig auch als »Bischofs-

mütze« bezeichnet. Der deutsche Name ist insofern etwas irreführend, als der kugelige Körper eher an versteinerte Seeigel erinnert. Manche Arten sind dornenlos, andere haben gebogene oder starre lange Dornen, andere besitzen auch Borsten.

Astrophyten haben winzige, unterschiedlich angeordnete wollige weißliche Flöckchen, mit denen sie die Luftfeuchtigkeit aufnehmen und halten können.

Pflege: Diese Gattung ist auch im Sommer nässeempfindlich, daher nie zu reichlich gießen. Die Pflanzen brauchen einen warmen und sonnigen Platz. Das Substrat sollte leicht sauer sein und aus einem Gemisch von Kakteenspezialerde und Kies bestehen.

Im Winter steht *Astrophytum* fast gänzlich trocken, nur alle 14 Tage befeuchte ich die Erde wenig. Der Winterplatz sollte hell bei Temperaturen um 8 °C sein.

Vermehrung: Vermehrt wird Astrophytum durch Aussaat, hierbei muss man die Aussaatschale aber stets lüften, damit sich keine Fäulnispilze einstellen. Da aber alle Astrophyten empfindlich gegenüber Nässe sind, empfiehlt sich eine sogenannte Sämlingspfropfung. Man veredelt bereits die kleinen Sämlinge auf gesunde Unterlagen, zum Beispiel von *Echinopsis*, und hat so eine ausgezeichnete Starthilfe. Nach einem Jahr kann man sie wieder abschneiden, etwas an der Luft trocknen lassen und in frische Erde setzen. Sie bilden dann schneller Wurzeln und wachsen zu kräftigen blühwilligen Exemplaren heran. Besonders bei der unten beschriebenen Art *Astrophytum asterias* ist diese Methode empfehlenswert.

Arten:

- *A. asterias* ist ein auffallend flacher, reizender Kaktus ohne Bedornung. Auf dem glatten dunkelgrünen Pflanzenkörper fallen die weißen Flöckchen deutlich auf. Die Blüten leuchten gelb mit roter Mitte.
- *A. capricorne* ist in der Jugend kugelig und reckt sich erst im Alter etwas empor. Seine Rippen sind scharfkantig, der Pflanzenkörper ist dunkelgrün mit weißer Maserung. Seine zehn Borstendornen sind unregelmäßig gebogen. *A. capricorne* besitzt herrliche gelbe Blüten mit einem leuchtend roten Schlund.
- *A. myriostigma* ist die typische **Bischofsmütze**. Ihr kugeliger, leicht bemehlter Pflanzenkörper ist gänzlich ohne Dornen. Die gelben Blüten öffnen sich bei Sonneneinstrahlung und schließen sich dann abends wieder.
- *A. ornatum* trägt gelbliche bis bräunliche, gerade abstehende kurze Dornen. Die gelben Blüten sind trichterförmig.

Astrophytum capricorne

Austrocephalocereus
Austrocephalocereus

  4 – 7 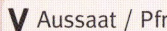 V Aussaat / Pfr.

Dieser Säulenkaktus ist in Brasilien beheimatet. Mit ihm beschäftigte sich der deutsche Kakteenspezialist C. Backeberg.

Austrocephalocereus dybowskii

Mein Rat

Besprühen sollte man diesen Kaktus auf gar keinen Fall.

Gestalt: Dieser Kaktus fällt durch seine schöne Bedornung auf, deren Wirkung noch durch ein teilweise dichtes Haarkleid gesteigert wird. Die Blüten entspringen direkt dem echten Cephalium (blütentragende Region), sodass es aussieht, als seien sie in einem Wattebausch eingebettet. Die gelblichen Blüten erscheinen in der Dämmerung und öffnen sich dann nachts völlig.

Pflege: Ein Vorteil dieser Gattung besteht darin, dass sie kaum nässeempfindlich ist. Sie kann den ganzen Sommer über im Freien bleiben und verträgt auch Sonne sehr gut. Als Substrat sollte der Kakteenerde zu dem Sand noch etwas Lehm beigemischt werden. Im Winter muss *Austrocephalocereus* etwas wärmer stehen als andere Kakteen. Dann sollte er auch etwas mehr Feuchtigkeit bekommen. Es ist sogar möglich, ihn im warmen Zimmer bei 20 °C zu überwintern. Auf gar keinen Fall dürfen die Temperaturen längere Zeit unter 5 °C absinken.

Vermehrung: Vermehrt wird der Säulenkaktus durch Aussaat.

Arten:

- Schön behaart und leicht zu pflegen ist die Art *A. dybowskii*, die bis 4 m erreichen kann. Die Blüten erscheinen als kleine weiße Glocken.
- Eine rot blühende Art ist *A. purpureus*. Sie wird bis zu 2 m hoch.

Browningia
Browningia

 ❀ 4 – 7 **V** Aussaat

Browningia ist in Nordchile, Bolivien und Peru verbreitet. Die Erstbeschreibung der Gattung erfolgte 1920 durch die amerikanischen Botaniker Nathaniel Lord Britton und Joseph Nelson Rose. Sie ehrten damit den Direktor des Instituto Ingle in Santiago de Chile, E. Browning.

Die Gattung wurde früher auch unter den Namen *Azureocereus, Castellanosia, Cereus, Clistanthocereus, Gymnocereus* und *Gymnanthocereus* geführt.

Gestalt: Eine herrlich blau bereifte Säule ist dieser Kaktus, besonders die Art *B. hertlingiana* fällt auf. Mitte des 20. Jahrhunderts beschrieb der Österreicher Buxbaum diesen wunderschönen Säulenkaktus, den man in Peru als bis zu 10 m hohe Säule bewundern kann.

In ihrer Heimat ist sie auch verzweigt und hat nicht mehr so viele Dornen. An den Rippen sitzen dichte Dornenbüschel, die spitz auslaufen. Die nachtblühenden Kakteen locken mit ihren weißen, beschuppten Blüten durch einen leichten Duft nachtaktive Insekten an.

Pflege: *Browningia* verträgt volle Sonne; steht sie schattig, verliert sich ihre blaue Bereifung recht schnell. Im Winter sollte man einen Platz um 12 °C finden und sehr selten gießen. Im Sommer nur dann gießen, wenn der Kaktus völlig ausgetrocknet ist. Das Substrat sollte etwas Lehm enthalten.

Browningia hertlingiana

Vermehrung: Vermehrt wird *Browningia* in der Regel durch Aussaat. Die Samen dürfen jedoch nicht mit Erde bedeckt werden, da sie Lichtkeimer sind.

Arten:

- *B. hertlingiana* siehe oben.
- *B. microsperma* wächst baumförmig, die beschuppten Blüten sind weiß. Diese Art eignet sich gut für die Hydrokultur.
- *B. viridis* blüht grün.

Riesenkaktus
Carnegiea

  3 – 5 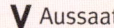 **V** Aussaat

Dieser Kaktus aus Mexico und Arizona ist in seiner natürlichen Heimat vom Aussterben bedroht, weil ihn eine Bakterienart befällt, die von einem Nachtfalter übertragen wird. Beschrieben haben den Riesenkaktus die beiden amerikanischen Botaniker N. L. Britton und J. N. Rose.

Gestalt: Dieser Säulenkaktus wird 12 m hoch, seine Äste haben dann einen Durchmesser von etwa 50 cm; er ist verzweigt. Die Randdornen sind strahlenförmig angeordnet. *Carnegiea* hat eine weiße Blüte.

Pflege: Dieser interessante Säulenkaktus ist für das Wohnzimmer auf jeden Fall eine Bereicherung, auch wenn er nicht so schön wird wie in seiner Heimat. Als Substrat verwendet man spezielle Kakteenerde.

Die Erde kann im Übrigen nährstoffarm sein. Im Sommer braucht er einen luftigen und freien Platz – keine pralle Sonne –, am besten ist es, wenn man den Kaktus an einen absonnigen Standort im Freien stellt. Im Winter sollte *Carnegiea* bei etwa 5 °C überwintern.

Carnegiea gigantea

Bei dieser Temperatur muss man den Kaktus allerdings sehr trocken halten. Alle drei Wochen einmal wenig gießen reicht völlig aus.

Vermehrung: Vermehrt wird *Carnegiea* durch Aussaat.

Arten:

- Der eigentliche Riesenkaktus ist *C. gigantea*, er blüht rosa.
- *C. polylopha* hat schöne rosarote Blüten. Diese Art wird neuerdings der Gattung *Neobuxbaumia* zugeordnet.

Mein Rat

Unbedingt für gute Wasserführung sorgen, da der Riesenkaktus sehr nässeempfindlich ist!

Greisenhaupt
Cephalocereus

  5 – 8 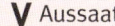 **V** Aussaat

Aus Mexiko kommt dieser augenfällige Kaktus mit dem dichten wuscheligen Haarkleid. Früher war diese Gattung artenreich, aber inzwischen hat man alle übrigen Arten den Gattungen *Austrocephalocereus, Espostoa, Micranthocereus, Pilosocereus* und *Stephanocereus* zugeordnet.

Die Benennung erfolgte durch den deutschen Arzt und Botaniker L. G. K. Pfeiffer im 19. Jahrhundert.

Gestalt: Was sein Äußeres betrifft, so ist das Greisenhaupt unübertroffen: Ein dichtes, weißes, recht wuscheliges Haarkleid macht *Cephalocereus* zu einem der auffälligsten Kakteen in der Sammlung. Dieser kleine Säulenkaktus kann bis zu 15 m hoch werden. Die Blüten sind unscheinbar, blass gelblich. Das Cephalium, das ihn ganz umgibt, ist das Interessante.

Pflege: Am empfindlichsten ist dieser Kaktus gegenüber Nässe, deshalb das Substrat, das zudem humusarm sein sollte, mit einer Schicht Sand bedecken.

Das Greisenhaupt hat zwei Ruhephasen, in denen es trocken gehalten werden muss. Im Hochsommer möchte es etwa zwei Wochen warm und trocken stehen. Im Winter fühlt sich die Pflanze bei 5 °C am wohlsten. Auch dann darf so gut wie gar nicht gegossen werden. Gießen sollte man nur von unten, damit kein Wasser an das Haarkleid gelangt.

Mein Rat

Ist das Haarkleid einmal verstaubt, kann man es abstauben (siehe Seite 18) oder einfach waschen. Sofortiges Föhnen ist dann aber wichtig, weil sonst Fäulnis auftritt!

Vermehrung: *C. senilis* wird durch Aussaat vermehrt.

Arten:

● Die Gattung besteht nur aus einer einzigen Art, *C. senilis*.

Cephalocereus senilis

Säulenkaktus, Wachsfackelkaktus
Cereus

 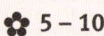 5 – 10 V Aussaat / St.

Der Wachsfackelkaktus stammt aus Südamerika und Westindien und wurde bereits im 18. Jahrhundert von dem britischen Botaniker P. Miller beschrieben.
Viele Arten der früheren Gattung *Cereus* sind heute anderen Gattungen zugeordnet.

Cereus peruvianus

Gestalt: Dies ist der Säulenkaktus par excellence, obwohl es in dieser artenreichen Gattung sehr vielgestaltige, auch verzweigte und buschig werdende Arten gibt. Seine Blüten sind langröhrig, schwach beschuppt und weiß bis rötlich. Die Dornen- und auch die Rippenzahl variieren je nach Art. In der Regel ist der Pflanzenkörper des Säulenkaktus saftig grün bis blaugrau bereift.

Pflege: Im Sommer möchte *Cereus* einen freien und luftigen Platz. Im Winter muss er kühl und relativ trocken stehen. Als Substrat gibt man ihm eine lehmig-kiesige Erde. Gegen stauende Nässe ist diese Gattung nicht so empfindlich.

Vermehrung: Vermehrt wird *Cereus* durch Aussaat. Man kann ihn auch als Unterlage für Veredlungen verwenden. Die Stecklingsvermehrung beim *Cereus* ist ebenso erfolgreich. Man führt sie am besten dann durch, wenn der Kaktus »voll im Saft« steht, also im Sommer. Mit einem scharfen und sehr sauberen Messer wird ein gerader horizontaler Schnitt durch die Pflanze gezogen. Die Höhe des Schnittes sollte an der schmalsten Stelle der Pflanze ein. Nun spitzen wir den Steckling unten leicht konisch an, ohne dabei den Leitbündelzylinder zu verletzen. Auf diese Weise werden die Wurzeln gezwungen, um die Leitbündel herum die Schnittfläche zu durchstoßen. So bekommen wir gesunde und kräftige Wurzeln. Die Stecklinge werden einige Tage

aufrecht in ein luftiges und trockenes Gefäß gestellt, so werden die Pflanzen nicht krumm. Dann einfach in sandiges Substrat stecken und erst nach einigen Tagen gießen.
In der Vermehrungszeit sollte direkte Sonne vermieden werden!

Arten:

- *C. huntingtonianus* ist in Argentinien heimisch und kommt erst im hohen Alter zum Blühen. Die relativ großen weißen Blüten öffnen sich nachts und welken schon im Laufe des nächsten Tages.
- Der azurblaue *C. azureus* muss sehr sonnig stehen, sonst geht die Blaufärbung unweigerlich zurück.
- *C. chalybaeus* ist stahlblau und bringt noch herrliche große weiße Blüten mit rosa Sepalen hervor. Die Pracht öffnet sich in

Cereus jamacaru 'Monstrosus'

den Abendstunden und hält die ganze Nacht über.

- *C. jamacaru* 'Monstrosus' wurde 1828 entdeckt. Er stammt aus Brasilien, wächst baumförmig und entwickelt eine starke Krone. Die Blüten sind 25 cm lang und weiß mit hellgrünen Sepalen.
- Schon seit 1753 bekannt ist *C. peruvianus*. Er wächst säulenartig und verzweigt sich zugleich von unten buschig. Interessant sind auch die kurzen Dornen, die rötlich braun in dichten Büscheln auf dem grünen bis blauen Pflanzenkörper sitzen. Die weißen Blüten sind 16 cm lang. Ganz bizarr sieht die Sorte 'Monstrosus' aus.
- Weiß blühen *C. dayamii* und *C. hexagonus*.
- *C. pernambucensis* präsentiert sich zur Blütezeit in Rosarot.

Cereus huntingtonianus

Silberkerze
Cleistocactus

 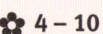 4 – 10 V Aussaat / St.

In 1 750 m ü. d. M., in den Bergen von Argentinien und Bolivien, ist der *Cleistocactus* zu Hause. Seine Verbreitung reicht jedoch bis nach Paraguay und Uruguay. Der Franzose A. C. Lemaire hat ihn im 19. Jahrhundert beschrieben. Viele Arten, die jetzt zu dieser Gattung gehören, waren früher zahlreichen anderen Gattungen zugeordnet.

Gestalt: Dieser schlanktriebige Kaktus verzweigt sich an der Basis und bildet an den Seiten neue Zweige. Wir kennen ihn als Säulenkaktus, der durch seine leuchtend weißsilbrigen Borsten auffällt. Diese Borsten sind dünn, mitunter regelrecht haarig, manchmal dicht, selten spärlich. Die zylindrischen Blüten erscheinen in roter, oranger, gelber oder weißer Farbe. Es gibt Arten, die außerordentlich reich blühen.

Pflege: Die Silberkerze bevorzugt im Sommer einen warmen, zumeist sonnigen Platz und reichliche Wassergaben.

Als Substrat wird Kakteenspezialerde mit etwas Humus angereichert.

Im Winter möchte *Cleistocactus* bei mindestens 8 °C stehen und darf nur ganz selten gegossen werden. Es schadet diesen Kakteen aber nicht, wenn sie wärmer stehen, nur muss man dann reichlicher gießen. Diese Gattung gehört zu den pflegeleichten Kakteen, die auch unter Zimmerbedingungen leicht zum Blühen kommen.

Cleistocactus samaipatanus

Der *Cleistocactus* ist wegen seiner Unempfindlichkeit gegenüber Nässe gut für die Hydrokultur geeignet.

Vermehrung: Durch Aussaat oder Stecklinge. Die frisch geschnittenen Stecklinge sollten unbedingt erst einige Tage an der Luft trocknen, ehe sie vorsichtig in trockene Erde gesteckt werden. Gießen Sie erst nach einer Woche!

Arten:

Wohl kaum eine andere Gattung hat so viele Um- und Neubenennungen über sich ergehen lassen müssen, wie der Cleistocactus. Deshalb werden hier die allgemein bekannten Arten erwähnt, auch wenn man sie, streng genommen, inzwischen anderen Gattungen zuordnet.

- Eine interessante Art ist *C. anguinus*, der aus Paraguay kommt. Er ist ein schlangenartiger Kaktus, denn seine Triebe wachsen hängend, kriechend oder lehnen sich an. Die auffallenden Blüten sind leuchtend orangerot.
- Mit gelben Blüten wartet *C. ritteri* auf, die leicht gebogen sind und grüne Narben haben. Die Triebe bleiben schmal, sie haben lediglich 3 cm Durchmesser.
- *C. winteri* wird heute teilweise als *Hildewintera aureispina* bezeichnet. Seine Dornen sind leuchtend gelb, die Blüten orangefarben.

Weitere Arten sind:

- *C. brookei* hat rote Blüten.
- *C. candelilla* mit gelben Blüten,

Cleistocactus ritteri

- *C. icosagonus* mit leuchtend gelber Bedornung und
- *C. samaipatanus* mit tiefroten Blüten werden heute teilweise zur Gattung *Borzicactus* gerechnet.

Mein Rat

Die Silberkerze eignet sich auch für die Hydrokultur, da sie kaum nässeempfindlich ist.

Scheitelblüher

Coryphantha

  6 – 9  V Aussaat

Coryphantha ist von Südkanada über die USA bis nach Südmexiko verbreitet. Der Franzose C. Lemaire beschrieb diesen Kaktus. Früher gehörten einige Arten zu den Gattungen *Cumarinia* und *Lepidocoryphantha*.

Gestalt: Dieser Warzenkaktus mit der schönen Bedornung ist kugelig oder länglich. Die meisten gelben Blüten entspringen direkt dem Scheitel. Es gibt aber auch rot blühende und weiß blühende Arten.

Pflege: Die *Coryphantha* ist sehr nässeempfindlich. Sie macht im Hochsommer ebenso eine Ruheperiode durch wie im Winter. In diesen beiden Phasen sollte sie sehr hell und relativ trocken stehen. Im Winter reichen 4 °C völlig aus.

Coryphantha elephantidens

Trotz ihrer Abneigung gegen Staunässe sollte man die Pflanze besprühen, um Spinnmilbenbefall entgegenzuwirken. Der Wurzelhals darf jedoch auf keinen Fall mit Wasser in Berührung kommen.

Als Substrat sollte man sandhaltige Kakteenspezialerde wählen. Tonscherben auf dem Topfboden sorgen zusätzlich für eine gute Wasserführung.

Da die meisten Scheitelblüher eine starke längliche Rübenwurzel haben, sollte man beim Umtopfen einen entsprechend hohen Topf wählen.

Vermehrung: Vermehrt wird *Coryphantha* durch Aussaat. Bei den Sämlingen ist auf gute Lüftung zu achten. Vorsichtig gießen, damit sich keine Vermehrungspilze einstellen! Günstig ist es daher, wenn man im April mit der Aussaat beginnt, so kann der Sämling in die warme Jahreszeit hineinwachsen. Als Gefäße verwendet man am besten flache Aussaatschalen, die peinlichst sauber sein sollen, um ein Übertragen von Krankheiten von vornherein auszuschließen. Wichtig ist auch hier, dass das Substrat hauptsächlich aus feinem Sand und etwas gesiebter Erde bestehen sollte. Unbedingt die Aussaaten beschriften, da die kleinen Sämlinge kaum voneinander zu unterscheiden sind!

Vor der Aussaat das Substrat gut befeuchten, weil Kakteensamen sehr fein sind und man so ein Ausschwämmen verhindert. Nicht mit Erde bedecken, Kakteen sind Lichtkeimer. Übrigens kann man sie auch pfropfen.

Coryphantha radicans

Arten:
- *C. elephantidens* ist kugelig und hat tiefrosa Blüten.
- *C. cornifera* blüht zitronengelb.
- *C. odorata* (gehörte früher zur Gattung *Neolloydia*) blüht weißlich gelb.
- *C. poselgeriana* blüht erst gelb, dann rosa.
- *C. radicans* hat zitronengelbe Blüten.

Mein Rat

Spinnmilbenbefall beugt man bei *Coryphantha* am besten durch Besprühen vor.

Igelkaktus, Kugelkaktus

Echinocactus

  6 – 8 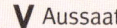 V Aussaat

Dieser riesige Kugelkaktus ist in den warmen Steppen von Mexiko und dem Südwesten der USA zu Hause. Die Gattung wurde im 18. Jahrhundert von den beiden Berliner Botanikern H. F. Link und C. F. Otto beschrieben. Heute werden viele seiner Arten anderen Gattungen zugeordnet.

Gestalt: Die Rippen erscheinen zahlreich und sind stark ausgeprägt. Die Dornen sind zumeist enorm kräftig, oftmals gerade oder nur leicht gebogen. Die meist gelben Blüten bleiben verhältnismäßig klein. Diese Gattung zählt zu den riesigen Kugeln.

Pflege: In der Wachstumszeit brauchen sie

Echinocactus grusonii

einen sonnigen und warmen Platz. Wegen Nässeempfindlichkeit sollte man frisch umgetopfte Pflanzen nur vorsichtig von oben gießen. Alle eingewurzelten Igelkakteen gießt man am besten von unten.

Im Winter brauchen diese Kakteen einen Platz um 8 °C, sie werden nur ganz selten gegossen. Das Substrat sollte humusreich, lehmig und sandhaltig sein.

Vermehrung: Vermehrt wird Echinocactus durch Aussaat, wobei man darauf achten sollte, dass die Kakteensämlinge nicht zu feucht stehen. Das Vermehrungsbeet muss ausreichend frische Luft bekommen.

Echinocactus-Arten fühlen sich den ganzen Sommer über im Freien wohl, wobei man sie an Regentagen unter eine Überdachung stellen sollte.

Arten:

- Die wohl bekannteste Art ist *E. grusonii*, Schwiegermutterstuhl genannt, weil ihre Bedornung außerordentlich stark ist und bei Berührung sehr schmerzhaft sein kann. Wegen seiner leuchtend gelben frischen Dornen wird dieser saftig grüne Kaktus auch Goldkugelkaktus genannt. Er blüht erst im hohen Alter und kann riesengroß werden, dabei behält er stets seine kugelige Form. Im Zimmer kommt er gar nicht zum Blühen, er muss erst einige Zeit im Freien gestanden haben. Die Blüten sind innen gelb und außen bräunlich.

- Waagerecht geringelte Dornen hat *E. horizanthalonius,* die auch in der Wüste von Arizona wächst. Dieser Kaktus bleibt verhältnismäßig klein, er wird nur 25 cm dick.

Echinocactus platycanthus.

Sein Pflanzenkörper ist grau bereift. Die kleinen Blüten erscheinen rötlich.

- *E. platyacanthus* ist ein breit bedornter Igelkaktus, sein Pflanzenkörper erinnert an eine Kugel in Tonnenform. Der Pflanzenkörper ist frischgrün, die Rippen sind steil und schmal, er blüht gelb.

Echinocactus horizonthalonius

Igelsäulenkaktus
Echinocereus

  4 – 6 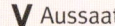 V Aussaat

Die Gattung *Echinocereus* kommt aus dem Westen der USA und aus Mexiko. Der deutsche Botaniker G. Engelmann benannte sie Ende des 19. Jahrhunderts. Früher gehörten manche Arten zu *Echinocactus, Morangaya* und *Wilcoxia*.

Gestalt: Die Pflanzen sind von kugeliger oder zylindrischer Gestalt und von mittlerer Größe. Die Wuchsform ist je nach Art aufrecht oder kriechend, die Pflanzen stehen einzeln oder

Echinocereus scheerii

verzweigen sich. Die Bedornung ist je nach Art unterschiedlich. Die schönen, oft sehr leuchtend gefärbten Blüten treten in unterschiedlichen Weiß-, Gelb-, Rosa-, Rot- oder Orangetönen auf. Die Blütenstempel leuchten meistens hellgrün. Der Igelsäulenkaktus wächst oft in Gruppen, verzweigt sich mitunter und bleibt recht klein. Seine Pflanzenmasse ist weich. Die Blüten sind riesig und von herrlichem Äußeren. Sie haben ebenso Dornen wie der Pflanzenkörper und blühen relativ lange.

Pflege: *Echinocereus*-Arten sollten warm, hell und luftig stehen. Als Substrat verwendet man sandig-lehmige Erde, die durchlässig und leicht sauer sein sollte. Ideal ist es, wenn man der Erde etwas Ziegelsplitt beimischt. Arten mit weniger Dornen dürfen nicht in der prallen

Echinocereus subinermis

Sonne stehen. Jene Arten, die dicht bedornt sind, vertragen volle Sonne und möchten dann auch reichlich gegossen werden. Im Winter steht der *Echinocereus* sehr trocken, kühl und hell. Die Ruhezeit des Igelsäulenkaktus dauert bis in den April hinein, also vorsichtig gießen, damit sich reichlich Knospen bilden können. Nicht erschrecken, wie stark die Pflanzenkörper einschrumpeln. Wenige Wochen Wärme und Feuchtigkeit reichen aus, um sie wieder prall werden zu lassen.

Vermehrung: Vermehrt wird er durch Aussaat oder Stecklinge, aber erst ab Anfang Juni.

Arten:

- *E. fendleri* bildet dichte Gruppen, blüht rot.
- *E. pectinatus* hat gelbe Blüten, die sich aber nur bei voller Sonne öffnen.
- *E. reichenbachii* ist zylinderförmig, die roten Blüten sind fleckig behaart. *E. reichenbachii* erinnert in seiner Form an einen Zylinder. Die spitzen Dornen sind zurückgebogen, sie sind weiß oder rotbraun. Seine Verbreitung reicht von Texas (USA) bis Nordmexiko.
- *E. rigidissimus* hat rosafarbene riesige Blüten mit einem Durchmesser von 10 cm. *E. rigidissimus* wird auch als Regenbogenkaktus bezeichnet, weil er unterschiedliche Farbzonen aufweist. Die Blüten werden 7 cm lang. Er ist in Arizona (USA) und Mexiko beheimatet.
- *E. scheerii* bildet dichte Gruppen und treibt orangefarbene Trichterblüten. *E. scheerii* stammt aus Mexiko, er besitzt dichte Randdornen, die strahlenförmig angeordnet sind. Nachts erblühen die wunderschönen rosaroten Trichterblüten.

Echinocereus rigidissimus

- *E. stramineus* ist gelb bedornt und leuchtet auch ohne Blüten aus einer Sammlung hervor. Die Blüten sind fast so lang wie der ganze Pflanzenkörper, nämlich 8–12 cm, und leuchtend rot. *E. stramineus* bekommt kugelförmige Früchte, die man essen kann.
- *E. subinermis* hat gelbe Blüten. *E. subinermis* ändert seine Gestalt je nach Alter. In der Jugend ist er breitkugelig platt, erst im Alter streckt er sich. Nur die junge Pflanze hat Dornen, der ältere Kaktus dagegen lediglich kräftige Borsten. Die Blüte wird 10 cm groß, die Früchte sind dunkelgrün.

Seeigelkaktus
Echinopsis

 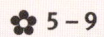 5 – 9 V Aussaat / St.

Diese artenreiche Gattung kommt aus Südamerika. Sie wurde von dem deutschen Botaniker J. G. Zuccarini Mitte des 19. Jahrhunderts beschrieben. Ihre Nomenklatur hat sehr viele Wandlungen erlebt. Besonders umstritten ist die Zuordnung mancher Arten zu *Lobivia*.

Gestalt: *Echinopsis* fällt zwar nicht durch besondere Bedornung auf, hat aber äußerst prachtvolle Blüten, die zart duften und sich bei den meisten Arten in den Abendstunden öffnen. Die Blüten sind trichterförmig, ihre Farbpalette reicht vom Weiß über Rosa bis zu Violett, auch eine rot blühende Varietät gibt es. Die Pflanzen sind kugelig geformt und werden erst im Alter säulenähnlich.

Pflege: Seeigelkakteen zählen zu den pflegeleichtesten Pflanzen und werden deshalb auch »Bauernkaktus« genannt. Im Sommer kann man sie ins Freie stellen, sollte aber pralle Sonne vermeiden. Sie brauchen ein nährstoffreiches, leicht saures Substrat, dem etwas Sand beigemischt wird. Alle zwei Wochen kann dieser Kaktus mit einem Kakteenspezialdünger gedüngt werden. *Echinopsis* muss im Winter kühl – um 8–10 °C – gehalten werden, wenn sie blühen soll. Dabei sehr wenig gießen. Nur ab und zu die Erde etwas befeuchten. Mit dem richtigen Gießen beginnt man erst, wenn die Blütenknospe schon groß geworden ist. Dann öffnet sich alsbald die riesige Blüte an diesem an sich recht unscheinbaren Kaktus. Manche Blüten erreichen eine Größe von 20 cm.

Echinopsis tubiflora

Vermehrung: *Echinopsis* lässt sich durch Stecklinge und durch Aussaat vermehren, wobei Sämlinge besser zum Blühen kommen.

Arten:

- *E. aurea* wird nicht größer als 10 cm und hat gelbe Blüten. *E. aurea* hat herrliche, seitlich erscheinende Blüten, die in ihrem Gelb variieren: Außen sind sie zitronenfarben, innen kräftig gelb.
- *E. mirabilis* besitzt eine etwa 12 cm große Blüte, die sich in der Nacht mit angenehmem Duft öffnet. Dabei wird der Kakteenkorpus nur etwa 15 cm hoch und hat einen Durchmesser von etwa 2 cm, das Äußere ist recht unscheinbar. Umso größer ist die Überraschung, wenn die Pflanze blüht.
- Die kleinwarzige *E. mamillosa* hat 18 cm lange Trichterblüten, die leicht rosa angehaucht sind. Ihre Varietät *kermesina* besitzt leuchtend rote Blüten.
- Pflegeleicht ist *E. tubiflora,* deren klein bleibender kugeliger Körper riesige, bis 20 cm große, trompetenförmige weiße Blüten besitzt. In ihrer Heimat wird diese Art als Bauholz genutzt.
- Im Handel sind heute überwiegend *E.*-Hybriden, die in vielen Farben blühen.

Echinopsis aurea

Echinopsis-Hybride

Blattkaktus
Epiphyllum

● | ✿ 7 – 9 | | V Stecklinge

Epiphyllum (= Marniera) chrysocardium

Mein Rat

Sobald sich die Knospen zeigen, sollten Sie Blattkakteen nicht mehr verrücken, sonst fallen die Knospen ab.

Diese eher untypische Gattung kommt aus Mexiko, Peru und Bolivien. Der Brite A. H. Haworth beschrieb sie Ende des 18. Jahrhunderts. Sie ist auch als *Marniera* oder *Phyllocactus* bekannt. Einige Arten gehören heute anderen Gattungen an.

Gestalt: Die Triebe sind blattartig und kaum bedornt. Nur einige Borsten erinnern an ihre Zugehörigkeit zu der dornenreichen Familie der Cactaceae. Die Blüten sind riesig und öffnen sich nachts. Ihr Farbenspiel reicht von Weiß über Creme bis hin zu Gelb und rötlichen Farbtönen. Bei einigen Arten duften die Blüten angenehm. Es gibt unzählige Hybriden, die alle mehr und mehr unseren Zimmerbedingungen angepasst wurden.

Pflege: *Epiphyllum* ist an sich leicht zu pflegen. Im Sommer kann man ihn ab Mai ins Freie bringen, denn viel Frischluft ist eine der wichtigsten Voraussetzungen für gutes Wachstum. Der Platz darf aber nicht in der Sonne liegen, sondern muss schattig bis halbschattig sein. Als Substrat bevorzugt der Blattkaktus humusreiche und lockere Erde. Auch der Topf sollte ausreichend groß sein, da er reichlich Wurzeln bildet. In der Wachstumszeit muss viel gegossen werden, auch für eine kalkfreie Düngung in zweiwöchentlichen Abständen ist diese Pflanze dankbar. Kurz vor der Blüte sollte man das Besprühen nicht vergessen.

Epiphyllum ist auch für die Hydrokultur geeignet. Im Winter muss der Blattkaktus zwar kühler stehen und wird auch nicht so reichlich gegossen wie im Sommer, aber man darf ihn auch nicht zu kalt stellen; die optimale Temperatur liegt bei 12 °C, auf keinen Fall darunter!

Vermehrung: Vermehrt wird *Epiphyllum* durch Teilen größerer Exemplare oder durch Stecklinge.

Arten:

- Pflegeleicht und blühwillig ist die Art *E. anguligerum*, sie blüht gelblich und duftet zart wie eine Lilie. Die Blüten werden über 8 cm groß.
- *E. chrysocardium* wächst breitlappig, die Blüten sind außen rosabraun und innen weiß.
- An den Areolen von *E. crenatum* befinden sich Büschel von Borsten und Haaren. Im Alter bildet diese Art holzige Stämme. Die riesigen, 12 cm großen Blüten sind cremefarben bis grünlich und duften stark.
- *E. hookeri* treibt bis zu 20 cm große weiße Blüten.
- *E. oxypetalum* blüht rötlich.
- *E. pittieri* bildet sogar einen Stamm und blüht weißlich-grün.
- Die weißen Blüten von *E. stenopetalum* duften angenehm.

Epiphyllum-Hybride

- Die ebenfalls weißen Blüten von *E. thomasianum* gehen hingegen manchmal in ein schönes Gelb über.

Fasskaktus
Ferocactus

  6 – 8  V Aussaat

Der *Ferocactus* ist im Süden der USA und in den kalksteinhaltigen Höhenlagen Mexikos verbreitet. Beschrieben haben ihn die beiden Botaniker N. L. Britton und J. N. Rose im Jahre 1922. Auch hier gehörten früher manche seiner Arten zu anderen Gattungen.

Gestalt: Wegen seiner Form, die im Alter einem Fass ähnelt, wird dieser Kaktus »Fasskaktus« genannt. Er kann riesig groß werden und im hohen Alter – nach Jahrzehnten – aus einer dicken Kugel zu einer dicken Säule heranwachsen.

Am schönsten sind die kräftig ausgeprägten und auffallend gefärbten Dornen, die den eigentlichen Schmuck und Reiz dieser Pflanze ausmachen.

Ferocactus glaucescens

Pflege: Im Zimmer ist es sehr schwierig, den *Ferocactus* zum Blühen zu bringen, dennoch sollte er in keiner Sammlung fehlen. Der Fasskaktus braucht viel Wärme und Sonne, am besten steht er am Südfenster. Im Freien gefällt es ihm gar nicht. Im Winter sollte er kühl (bei 10 °C) und relativ trocken, aber hell stehen. Als Substrat braucht er gute Kakteenerde, die ruhig nährstoffreich und mit etwas Lehm gemischt sein darf.

Vermehrung: Vermehrt wird der *Ferocactus* durch Aussaat.

Arten:

- Golddorniger Fasskaktus nennt man die Art *F. chrysacanthus*. Sie wächst kugelig, später wird sie zylinderförmig, die Blüten sind gelb.
- Der Riesentonnenkaktus, *F. emoryi*, wird stattliche 2,50 m hoch. Seine Blüten sind gelb bis rot.
- *F. glaucescens* wird blau und hat gleich lange Dornen von gelber Farbe.
- »Teufelszunge« lautet der volkstümliche Name für die breitdornige Art *F. latispinus*, der etwa 50 cm erreicht.
- *F. fordii* wird nicht viel größer als 10 cm, die Dornen sind nadelfein.
- Zitronengelb blüht *F. echidne*,
- Gelb-orange sind dagegen die Blüten von *F. cylindraceus*. Daneben gibt es noch viele weitere Arten.

Ferocactus latispinus

Gymnocalycium

Gymnocalycium

  ☀ – ◐   ❀ 7 – 10   V Aussaat / Pfr.

Gymnocalycium andreae

Gymnocalycium ist in fast ganz Südamerika beheimatet. Beschrieben hat diese artenreiche Gattung der deutsche Kakteenspezialist L. G. K. Pfeiffer Mitte des 19. Jahrhunderts.

Mein Rat

Wegen der Nässeempfindlichkeit besprühe ich die *Gymnocalycium*-Pflanzen öfter und gieße dann entsprechend weniger.

Gestalt: Diese artenreiche Gattung bleibt meist gedrückt kugelig, einige Vertreter wachsen aber im Alter zu dicken kurzen Säulen heran. Manche bleiben eintriebig, manche treiben viele Sprosse.

Als ein allgemeines Merkmal dieser Gattung kann man den »nackten« Blütenkelch bezeichnen, denn er ist nur beschuppt und nicht wie bei vielen anderen Kakteen mit Haaren, Borsten oder Dornen besetzt. *Gymnocalycium* ist eine artenreiche Gattung mit zumeist flachkugeligen Pflanzen. Die Dornen sind anliegend, manchmal auch abgespreizt, die Blüten in den meisten Fällen groß und trichterförmig.

Pflege: *Gymnocalycium* verträgt auch im Sommer keine stauende Nässe. Daher Vorsicht beim Gießen!

In praller Sonne gefällt es *Gymnocalycium* gar nicht, deshalb nicht direkt an die Fensterscheibe stellen! Nach heißen Sonnentagen die Pflanzen einfach am Abend mit lauwarmem Wasser übersprühen. Das reicht. Als Substrat verwendet man normale Kakteenerde, der etwas Humus beigemischt wird.

Im Winter brauchen *Gymnocalycium*-Arten einen etwas wärmeren Platz als andere Kakteen. Dann werden sie auch ab und zu leicht gegossen. Sie blühen sogar, wenn man sie im Zimmer überwintert. Überhaupt handelt es sich hier um eine blühwillige Gattung.

Vermehrung: Vermehrt wird diese Gattung durch Aussaat. Sie eignet sich aber auch sehr gut als Pfröpfling. Bekannt sind hierbei die leuchtend farbigen Pflanzenkörper von *G. mihanovichii* f. *rubra* und bzw. f. *aurea*.

Arten:

- Aus Argentinien kommt *G. andreae* mit dunkel blaugrünem Pflanzenkörper. Die Blüten sind hellgelb.
- Fast blutrote Blüten hat *G. baldianum*. Diese Art verträgt bei trockenem Stand sogar kurzzeitig Minusgrade und sollte daher kühler als die anderen Arten überwintert werden.
- *G. bruchii* gehörte früher zur Gattung *Frailea* und hat rosafarbene trichterförmige Blüten.
- Große rosafarbene Blüten hat *G. cardenasianum*.
- *G. gibbosum* bildet kaum Sprosse und blüht weiß.
- Die oben bereits erwähnte Art *G. mihanovichii* ist ein Zwergkaktus. Sie wird nur 6 cm groß. Ihre Blüten sind grünlich gelb und trichterförmig.
- Die großen weißen Blüten von *G. quehlianum* schimmern im Schlund rötlich.

Neben den genannten gibt es noch eine Fülle weiterer Arten.

Gymnocalycium baldianum

Haageocereus
Haageocereus

  4 – 6 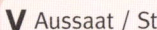 V Aussaat / St.

Haageocereus multangularis, kleines Bild Blüte.

Mein Rat

Die Seitensprosse von *Haageocereus* lassen sich zur Vermehrung verwenden.

Dieser Säulenkaktus kommt aus Peru. Dort wächst er in Meereshöhe, aber auch in Höhenlagen bis zu 2 400 m ü. d. M. Beschrieben hat diesen Kaktus der deutsche Kakteenforscher C. Backeberg im Jahre 1934. Früher wurde er noch unter anderen Gattungen geführt.

Gestalt: Der bunt bedornte Kaktus wächst in Gruppen, manchmal aufrecht, mitunter aber auch kriechend.

Pflege: Da er im Zimmer selten zum Blühen kommt, sind es die dichten Dornen, die seinen Schmuck ausmachen. *Haageocereus* ist unproblematisch in der Pflege, im Sommer braucht er reichlich Sonne und viel frische Luft. Deshalb kann man ihn ruhig den ganzen Sommer über im Freien halten. Als Substrat bevorzugt er eine Kakteenspezialerde, die mit etwas Lehm und Sand angereichert wird. Im Winter steht der Kaktus kühl, allerdings nicht unter 0 °C. 3–5 °C reichen völlig aus.

Vermehrung: Durch Stecklinge und Aussaat.

Arten: Alle Arten haben dichte bunte Dornen.

- Als »Weißdorniger *Haageocereus*« wird die Art *H. albispinus* bezeichnet. Er wird bis zu 1 m hoch, ist buschig mit hellen Dornen. Die Blüte ist tiefrot mit bläulichem oder orangefarbenem Schimmer
- Die Sprosse von *H. decumbens* sind nur 5 cm dick, sie biegen sich erst nieder, um später wieder aufrecht zu wachsen. Die dicht stehenden Blüten sind innen weiß und außen bräunlich; sie blühen nachts.
- Breit öffnen sich die 8 cm großen Blüten von *H. versicolor*.
- *H. multangularis* bildet Gruppen und hat trichterförmige rötliche Blüten.

Ein typischer Osterkaktus *(Hatiora-* bzw. *Rhipsalidopis*-Hybride) in üppiger Blüte.

Osterkaktus

Hatiora

  3 – 5  V Stecklinge

Der Osterkaktus wird oftmals mit dem Weihnachtskaktus *(Schlumbergera)* verwechselt. Es handelt sich jedoch um zwei verschiedene Gattungen, die zwar viel Gemeinsames haben, sich jedoch durch deutliche Unterschiede ihrer Blüten- und Blattformen abgrenzen. Verwirrung besteht durch die unterschiedliche Bezeichnung, denn teilweise werden die Osterkakteen auch als *Rhipsalidopis* geführt.

Der Osterkaktus kommt aus den südbrasilianischen Tropen und steht unter Naturschutz. Benannt haben ihn die beiden Forscher N. L. Britton und J. N. Rose. In der Vergangenheit gab es in der Nomenklatur dieser Gattung mancherlei Durcheinander, und der

Hatiora salicornioides

Osterkaktus wurde oft gänzlich anderen Gattungen als Art untergeordnet.

Gestalt: Die Sprossglieder des Osterkaktus sind niemals gezähnt, sondern abgerundet und in der Regel rötlich gefärbt. Er wächst epiphytisch und bildet kleine Sträucher. Die zwei Monate anhaltende Blütezeit beginnt zumeist im April. Das Farbenspiel umfasst alle Rottöne.

Pflege: Osterkakteen brauchen ein wenig mehr Luftfeuchtigkeit und Wärme als die ähnlichen Weihnachtskakteen. Auch sollte man bei der Wahl des Substrates darauf achten, dass es absolut kalkfrei ist. Sicherheitshalber mische ich daher immer etwas Moorbeeterde bei. Der Osterkaktus kann das ganze Jahr im Zimmer stehen, doch muss man pralle Sonne vermeiden. Ab Januar stellt man die *Hatioria* kühl und hell. Sobald sich die ersten Knospenansätze zeigen, muss man sie wieder wärmer platzieren und reichlicher gießen. Im Sommer die Pflanze ruhig öfter besprühen, damit nicht Wollläuse und Rote Spinne auftreten!

Vermehrung: Vermehrt wird der Osterkaktus aus Stecklingen, die leicht in Sand bewurzeln.

Arten:

- Die bekannteste *Hatiora*-Art ist *H. salicornioides* (Bild links). Sie erinnert stark an *Rhipsalis* (siehe Seite 70), denn ihre Glieder sind rundliche kleine Stäbchen, die wie eine Kette aneinander gereiht sind. Die Blüten leuchten an den Triebspitzen in Gelb.

Die folgenden drei Arten, die eigentlichen Osterkakteen, werden auch als eigene Gattung **Rhipsalidopsis** aufgefasst.

- *H. gaertneri* hat scharlachrote Blüten und ist wohl der bekannteste Osterkaktus.
- Weniger verbreitet ist *H. rosea* aus dem Südosten Brasiliens. Diese Art wächst kleiner und buschiger und hat auch kleinere Blüten, die in einem hellen Rosa leuchten.
- Glänzend karminrot blüht die Kreuzung *H. × graeseri.*

Schließlich gibt es häufig auch Osterkakteen als Hybriden mehrerer Arten.

Warzenkaktus
Mammillaria

 ☀ – ◐   ❀ 2 – 11   ⌂   V A. / St. / Pfr.

Warzenkakteen zählen zu den beliebtesten Anfängerkakteen. Sie kommen sowohl in den USA als auch in Mittelamerika vor, die meisten sind aber in Mexiko zu finden. Der Brite A. H. Haworth hat sie Anfang des 19. Jahrhunderts beschrieben. Es gibt über 150 Arten, die z. T. früher vielen anderen Gattungen zugeordnet wurden.

Gestalt: *Mammillaria*-Arten wachsen kugelförmig bis länglich. Die meisten sind gruppenbildend; die Ableger kann man zur Vermehrung nutzen. Die kleinen sternchenförmigen Blüten bilden einen Kranz um den Scheitel. Da sie alle fast zur gleichen Zeit aufblühen, ist dieser Kranz ein besonderer Schmuck. Manche Arten bilden gleich mehrere Kränze. Zierend sind auch die roten oder gelben länglichen Früchte.

Mammillaria woodsii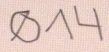

Mammillaria gracilis

Pflege: Diese Gattung zählt zu den leichten Blühern, die schon bei geringer Pflege ihre ganze Blütenpracht entfalten. Ihre Pflege ist problemlos, man sollte sich aber eine Faustregel merken: Stark bedornte, weiße Formen können in der prallen Sonne stehen, grüne, schwach bedornte Exemplare haben nicht denselben Lichtschutz und sollten daher einen zwar hellen, aber auf keinen Fall voll sonnigen Platz bekommen. Dicht bedornte Arten von unten gießen, um eine Verfärbung des Dornenkleides zu vermeiden.

Mammillaria camptotricha

Warzenkakteen benötigen nährstoffreiche, durchlässige Erde.

Im Winter sollten die Kakteen kühl, das heißt um 8 °C und hell stehen. Dann werden sie auch sehr wenig gegossen.

Vermehrung: *Mammillaria* kann durch Aussaat, durch Stecklinge oder auch durch Pfropfen vermehrt werden.

Arten:

- *M. aureilanata* kommt aus Mexiko und hat ein dichtes weißliches Haarkleid, ihre Blüten sind weiß bis hellrosa. *M. aureilanata* wird etwa 8 cm hoch. Ihre feinen Randdornen ergeben das schöne weiße

Mein Rat

Stark bedornte Warzenkakteen sind nässeempfindlich, ich gieße sie daher immer von unten.

Haarkleid. Manchmal fehlen ihr die Mitteldornen.

- Pflegeleicht ist die Art *M. bocasana,* deren feines Dornenkleid ein zusätzlicher Schmuck zu den gelblichen Blüten mit rotbrauner Mitte ist. *M. bocasana* gehört zu den Arten, die willig jedes Jahr blühen, dabei wird die Pflanze nicht größer als 5 cm.
- *M. brauneana* wächst anfangs kugelig und streckt sich im Alter. Sie blüht rotviolett. *M. brauneana* wird nur 8 cm dick. Die graugrünen Warzen sind breit, aus den weißwolligen Axillen kommen weiße Borsten hervor. Die Randdornen sind dicht und ebenfalls weiß. Das Schönste sind die leuchtend roten Blüten.
- *M. camptotricha* entwickelt duftende kleine weiße Blüten.
- *M. gracilis* hat weißlich-gelbe Blüten.
- *M. guelzowiana* trägt große, violette Blüten (siehe Seite 12).
- *M. woodsii* blüht rosarot.
- Weißlich bis rosa überhaucht blüht *M. microhelia*.
- *M. zeilmanniana* hat violette Blüten.

Mammillaria bocasana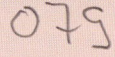

Melonenkaktus

Melocactus

  6 – 8  V Aussaat / Pfr.

Dieser Kaktus ist in Mexiko, Brasilien und Südamerika zu Hause. Beschrieben haben ihn die deutschen Kakteenspezialisten H. F. Link und C. F. Otto Anfang des 19. Jahrhunderts.

Gestalt: Er blüht erst nach etwa 10 Jahren, dann bildet sich auf dem Schopf ein wolliges Cephalium, das mit Borsten durchsetzt ist. Hier entfalten sich, immer spätnachmittags, die kleinen roten Blüten.

Pflege: Der Melonenkaktus braucht viel Wärme und reichlich Feuchtigkeit. Auch ein gelegentliches Besprühen tut ihm gut. Das Substrat sollte humusreich sein.

Alle drei Wochen im Spätsommer sollte man den Melonenkaktus mit einem Kakteenspezialdünger düngen. Er kann sonnig stehen und er ist auch für Hydrokultur geeignet. Seine Hauptwachstumszeit liegt im Herbst. Im Winter sollte er bei etwa 12 °C platziert werden, wobei die Erde niemals gänzlich austrocknen darf. Sobald die Pflanzen ihren weißlichen Schopf – ihr Cephalium – gebildet haben, dürfen sie nicht mehr umgetopft werden, denn dann wachsen sie nicht weiter.

Vermehrung: Durch Aussaat.

Arten:

- *M. caesius* bleibt kugelig und besitzt ein auffallend hohes Cephalium, die nachtblühenden Blüten sind rot.
- Einen schönen blauen Pflanzenkörper hat die Art *M. azureus*. Die weißen Dornen zeigen braune Spitzen, die Blüten sind dunkelrot.
- *M. curvispinus* ist grün und hat gebogene Dornen. Der ganze Kaktus wird nur 20 cm hoch, sein Cephalium hingegen noch einmal 30 cm. Es ist weißwollig und mit roten Borsten durchsetzt. Die hellroten Blüten bleiben klein.
- Bis zu 1 m hoch wächst die Art *M. intortus*, die blassgrünen Rippen drehen sich im Alter etwas. Das kurze Cephalium besteht in der Hauptsache aus braunen Borsten, aus denen die kleinen rosafarbenen Blüten herausschauen.
- *M. oreas* bildet röhrenförmige, violette Blüten.
- Variantenreich in der Bedornung zeigt sich die Art *M. peruvianus*. Es handelt sich hier um einen kugelförmigen Kaktus, mit scharfkantigen Rippen. Die Blüten sind dunkelrosa.

Melocactus-Sammlung

Feigenkaktus
Opuntia

  4 – 8 V Aussaat / St.

Opuntia erinacea var. *utahensis*

Mein Rat

Manche Opuntien-Dornen haben tücki-sche Widerhaken. Deshalb sollte man beim Umtopfen der Feigenkakteen immer Handschuhe tragen, weil es zu unange-nehmen Entzündungen kommen kann.

Von Kanada bis ins südliche Argentinien reicht das Verbreitungsgebiet der *Opuntia,* der neben den Mammillarien wohl arten-reichsten Gattung der Familie der Kakteen-gewächse. Bereits im Jahre 1754 wurde diese Gattung von dem Briten P. Miller be-schrieben.

Gestalt: Feigenkaktus heißt die *Opuntia* des-halb, weil ihre Früchte, die zum Teil essbar sind, in Form und Geschmack an Feigen erin-nern. Die Frucht kann man roh oder als Mar-melade genießen. Als allgemeines Merkmal kann man die sich jährlich bildenden »Ohren« bezeichnen. Sie stehen meist vom Pflanzen-körper ab, sind platt und mehr oder weniger bedornt. Die *Opuntia* wächst strauch- oder sogar baumartig. Ihre Blüten erscheinen in großer Farbenvielfalt an den oberen Rändern der Sprosse und öffnen sich weit.

Pflege: Opuntien sind leicht zu halten, wenn man sie vor stauender Nässe bewahrt. Sie mögen eine leichte, aber nährstoffreiche Kakteenerde und vertragen im Winter Tempe-raturen um 5–10 °C. Im Sommer bevorzugen sie einen hellen und warmen Platz. Stehen sie vor der Sonne geschützt, kann man die meisten Arten den ganzen Sommer über im Freien halten. Sie eignen sich auch für die Hydrokultur.

Vermehrung: *Opuntien* werden durch Aussaat oder aus Stecklingen vermehrt.

Opuntia verschaffeltii

Arten:

- *O. alexandri* besitzt gehöckerte Triebe und hat helle, lange Dornen mit weißer Spitze. Über Blüten ist nichts bekannt.
- Bei viel Sonne entfaltet *O. aurantiaca* ihre orangefarbenen Blüten. Die keulenformigen Triebe der buschig, mitunter kriechend wachsenden Art sind dunkelgrün und haben braune Dornen.
- *O. clavariodes* bildet verzweigte bräunliche Triebe, die einer geöffneten Hand ähneln. Die weißen Dornen sind winzig und enganliegend.
- *O. microdasys* ist zierlich und mit winzigen goldgelben Glochidenbüschel ausgestat-

tet, die wie Punkte aus Samt wirken, aber schmerzhafte Widerhaken haben. Die Triebe sind sattgrün, die Blüten gelb.

- *O. microdasys* var. *albispina* hat eindrucksvolle weiße Glochiden.
- *O. verschaffeltii* blüht Orange bis Rot.
- Weitere Arten für das Zimmer: *O. rufida, O.subulata, O. tunicata*.
- **Winterharte Opuntien** für das Freiland: *O. fragilis* mit hellgelben bis rötlichen Blüten, *O. phaeacantha* mit großen gelben Blüten, *O. polycantha* mit hellgelben bis orangefarbenen Blüten und *O. erinacea* var. *utahensis* mit rosaroten bis orangefarbenen Blüten.

Opuntia microdasys

Parodie
Parodia

  3 – 8  V Aussaat

Parodia haselbergii

Mein Rat

Bei einigen *Parodia*-Arten kann man die Blühwilligkeit und das Wachstum durch Pfropfen fördern.

Parodien sind in Argentinien, Bolivien, Paraguay und Brasilien beheimatet. Sie wurden von dem italienischen Botaniker C. Spegazzini im Jahre 1923 benannt. Manche Arten gehörten früher zu anderen Gattungen.

Gestalt: Es handelt sich um zumeist kugelförmige, winzige Kakteen. Die stark gefärbten Dornen sind gerade, gebogen oder hakenförmig. Schon als Sämlinge können sie blühen. Ihre großen, anfangs trichterförmigen, dann sich breit öffnenden Blüten erscheinen in den Farben Gelb, Orange und Rot.

Pflege: Parodien benötigen eine gute Kakteenerde, um die Bildung von Faserwurzeln zu unterstützen. Im Sommer möchten sie einen hellen, aber nicht voll sonnigen Standort. *Parodia*-Arten brauchen viel Frischluft und reichlich Wasser in der Hauptwachstumszeit. Dabei sollte man möglichst vorsichtig von unten gießen, sonst bekommt der Pflanzenkörper hässliche Flecken.

Im Winter stehen Parodien hell und luftig und bei mindestens 8 °C. Sie werden fast gänzlich trocken gehalten, aber ohne dass die feinen Faserwurzeln austrocknen.

Vermehrung: Durch Aussaat und Pfropfen.

Arten (einige werden heute zur Gattung *Notocactus* gerechnet):

- *P. buenekeri* wird 5 cm groß und wächst kugelförmig.
- »Golddornige Parodia« nennt man die Art

P. chrysacanthion, weil sowohl die borsten-
förmigen Randdornen als auch die Mitteldornen goldgelb gefärbt sind. Ihre zahlreichen Blüten erinnern an eine Glocke
und sind von hellgelber Farbe.

- *P. graessneri* ist breit kugelig, ihre grünen
Blüten öffnen sich bereits zum Ende des
Winters.
- *P. haselbergii* hat feuerrote Blüten.
- *P. hertii* blüht in rot, die Mitte der Blüte ist
etwas heller.
- *P. leninghausii* kann 1 m hoch werden, die
Dornen sind gelb, die Blüten ebenfalls.
- *P. mutabilis* hat sattgelbe Blüten.
- *P. nivosa* ist kugelig bis länglich und kann
bis 15 cm hoch werden. Der Pflanzenkörper
ist hellgrün, die Rippen sind in walzenför-
mige Höcker aufgelöst. Die Areolen sind
kurz und weiß bewollt. Auch die Dornen
sind schneeweiß und bortenfein. Die 5 cm
große Blüte ist feuerrot.

Parodia chrysacanthion

- *P. rutilans* ist kugelig und verlängert sich
nur im Alter bis zu 12 cm. Ihr Pflanzenkörper ist blaugrün. Die Areolen sind weißwollig. Die kleinen Randdornen sind unten
weiß und oben braunrot, später färben sie
sich gelblich. Diese Art blüht in Zartrosa,
die Blüten werden etwa 6 cm groß, sind
weiß bewollt und rotbraun beborstet.
- *P. scopa* wird ziemlich groß. Anfangs ist sie
kugelig, aber später kann sie bis zu 25 cm
groß werden. Dabei hat diese Art einen
Durchmesser von 10 cm. Ihr Pflanzenkörper ist frischgrün. Die kleinen zahlreichen
Randdornen sind weiß und bleiben dünn.
Die wenigen Mitteldornen sind kräftiger
und variieren zwischen weißlich und
bräunlich. Die 4 cm großen Blüten sind
strahlend gelb mit roter Narbe.

Parodia rutilans

Rebutia krainziana

Zwergkaktus
Rebutia

  4 – 7   **V** Aussaat

Rebutien kommen in Argentinien und im Nordosten Boliviens vor, wo sie in hohen Lagen auf kargem Land gedeihen.
Der deutsche Botaniker K. M. Schumann beschrieb sie im Jahre 1895. Früher zählten zu den Rebutien noch eine Fülle anderer Arten, die heute anderen Gattungen zugerechnet werden.

Gestalt: Zwergkakteen sind wirklich die Zwerge unter den Kakteen, und man staunt immer wieder über die seitlich herausragenden Trichterblüten an den winzigen Kugeln. Ihre Dornen sind sehr fein und oftmals geordnet am Pflanzenkörper anliegend. Da sie sehr reichlich blühen und in Gruppen wachsen, bilden sie an ihren Heimatstandorten häufig regelrechte Blütenteppiche.

Pflege: Im Sommer kann man diese kleinen Kakteen ruhig ins Freie stellen, denn sie mögen es luftig und sonnig. Im Winter benötigen sie einen kühlen Platz um 8 °C und nur sehr wenig Wasser. Mit dem Gießen sollte man im Frühjahr auch erst dann beginnen, wenn sich die ersten Knospen zeigen. Gedüngt wird im Sommer zwei Mal mit einem Kakteenspezialdünger.

Rebutia-Arten benötigen kein besonderes Substrat. Dennoch sollte man der Kakteen-

erde etwas Humus und etwas Sand bei-
mischen, um auch schöne kräftige Pflanzen
zu bekommen.

Da diese Kakteengattung nässeempfindlich
ist, empfiehlt es sich, sie immer nur von unten
zu gießen.

Vermehrung: Rebutien vermehrt man meist
durch Aussaat. Die Aussaatgefäße müssen
gut belüftet sein und dürfen nur vorsichtig
befeuchtet werden.

Arten:

- *R. albiflora* wird nur etwas über 2 cm groß
  und hat weiße Blüten mit zartrosa Mittel-
  streifen.
- Ähnlich klein bleibt *R. heliosa,* mit spirali-
  gen Rippen und weißen, kammförmigen
  Dornen. Diese Art blüht gelborange.
- *R. krainziana* ist sehr klein, nur 4 cm hoch.
  Genauso groß wie die ganze Pflanze wird
  die tief dunkelrote Blüte. Eine der schönsten Rebutien, wie ich meine.

Mein Rat

Ich verwende auch die Kindel der Zwergkakteen zur Vermehrung. Nach dem Abschneiden oder Abbrechen von der Mutterpflanze lasse ich sie aber erst einmal
zwei Tage an der Luft trocknen.

- Sehr zeitig im Frühjahr zeigt *R. marsoneri*
  ihre gelben Blüten.
- Rot blüht bereits 1–2 Jahre nach der Aussaat
  R. minuscula, die bis 5 cm groß wird.
- *R. senilis* hat eine Fülle von borstig dünnen, sehr weißen, abstehenden Dornen.
  Unter den Rebutien ist diese Art als groß
  einzustufen, denn sie kann 8 cm hoch werden. Die Blüten leuchten rot und haben
  einen Durchmesser von etwa 4 cm.

Es gibt daneben noch viele weitere Arten.

Rebutia marsoneri

Rebutia minuscula

Binsenkaktus
Rhipsalis

 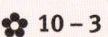 10 – 3 V Aussaat / St.

Rhipsalis grandiflora

Diese epiphytisch wachsende Pflanze ist als einzige aus der Familie der Cactaceae auf Madagaskar und in Sri Lanka anzutreffen. *Rhipsalis* wächst aber auch in den Wäldern Brasiliens, Südamerikas und Floridas. Der deutsche Botaniker C. F. von Gärtner benannte diesen Kaktus. Die moderne Nomenklatur zählt zu *Rhipsalis* auch Arten von *Erythrohipsalis, Epiphyllum, Hatiora* und *Lepismium.*

Gestalt: Diese Art sieht einem Kaktus nun gar nicht ähnlich. Ob fadendünn oder fingerdick, die Sprosse haben eines gemeinsam: Sie sind an langen Gliedern aneinander gefügt, verzweigen sich quirlig und ranken üppig herab. Ein schöner Schmuck sind weniger die winzi-

gen Blüten, als vielmehr die Früchte, die wie runde Perlen, in Weiß, Rot oder Violett die Pflanze zieren. Diese Kakteengattung hat keine Dornen, sondern nur wenige Borsten.

Pflege: Im Sommer kann man *Rhipsalis* an einen schattigen Platz ins Freie bringen. Sonne behagt ihr gar nicht. Im Winter darf sie nicht unter 12 °C stehen und muss daher auch immer gegossen werden. Zwar benötigt sie dann nicht so reichliche Wassergaben wie im Sommer, weil sie im Winter blüht, aber austrocknen darf dieser Kaktus nicht. Auch beim Substrat macht *Rhipsalis* eine Ausnahme gegenüber den anderen Kakteengattungen: Nicht Sand ist angesagt, sondern eine humusreiche Erde, der etwas Lauberde beigemengt werden kann.

Vermehrung: Vermehrt wird der Binsenkaktus durch Stecklinge und durch Aussaat.

Arten:

- *R. clavata* wächst anfangs aufrecht und hängt erst später herab. Die Triebe sind keulenförmig, verzweigen sich und gabeln sich stark. Die Blüten sind weiß und glockenförmig.
- *R. crispata* hat Triebe, die sich sehr stark verzweigen und dabei wellig herabhängen. Die großen Blüten erscheinen in Gruppen an den Trieben, sie sind cremegelb.
- *R. grandiflora* trägt für diese Gattung relativ auffällige Blüten, ganze 2,5 cm groß sind die seitlich an den Trieben erscheinenden weißen Blüten.
- Kurze, dreikantige Triebe hat die strauchig herabhängende Art *R. paradoxa,* deren 2 cm langen Blüten einzeln an jedem Triebende erscheinen.

Weihnachtskaktus
Schlumbergera

  12 – 2 **V** Aussaat / St.

Aus Brasilien kommt dieser epiphytisch wachsende Kaktus. Die *Schlumbergera* ist dort in Höhenlagen von 400 bis 2 000 m ü. d. M. verbreitet. Früher wurde sie auch den Gattungen *Epiphyllanthus* und *Zygocactus* zugeordnet. Der Weihnachtskaktus wurde im Jahre 1958 vom französischen Kakteenspezialisten A. C. Lemaire benannt.

Gestalt: Die *Schlumbergera* wächst wie ein Strauch. Ihre Triebe werden 3–5 cm lang. Sie bleiben flach, haben aber an beiden Kanten blattähnliche Einkerbungen.
Die riesigen Blüten variieren in allen Rot- und Rosatönen und sind tagsüber geöffnet.
Pflege: Der Weihnachtskaktus meidet die direkte Sonne. Im Schatten gedeiht er auf

Schlumbergera-Hybriden gibt es in Weiß und in vielen wunderschönen Farben.

Mein Rat

Die Blütezeit beim Weihnachtskaktus können Sie verlängern, wenn Sie die Pflanzen nach dem völligen Aufblühen nicht zu warm stellen.

jeden Fall besser. Dabei möchte er es warm und feucht haben.

Auch im Substrat weicht die *Schlumbergera* von den Gewohnheiten der sonstigen Kakteen

Schlumbergera-Hybride

ab: Die Erde sollte nährstoffreich und leicht sauer sein.

Nach der Blüte benötigt die Pflanze eine kurze Ruhezeit, in der man sie einfach etwa einen Monat lang »vergessen« sollte.

Dabei stellt man sie bei etwa 10 ºC kühl auf. Nach dieser Pause kann man wieder mit dem Gießen beginnen und platziert die Pflanze wieder wärmer. Vor der Blüte, sobald sich die ersten Knospen an den Triebspitzen zeigen, kann man der *Schlumbergera* einen kalkfreien Dünger verabreichen.

Vermehrung: Der Weihnachtskaktus wird durch Aussaat und Blattstecklinge vermehrt. Wichtig bei der Stecklingsvermehrung ist das Abtrocknen der Teilstücke an der Luft, ehe sie in die Erde gesteckt werden

Arten:

- *Sch. russeliana* kann bis zu 1 m werden, die leuchtend dunkelrosa Blüten sind über 5 cm groß.
- *Sch. truncata* ist die Wildform des Weihnachtskaktusses. Sie bleibt ein kleiner Strauch von 30 cm Größe. Die Blüten erscheinen in rosa, rot oder violett zu zweit oder zu dritt an den Triebspitzen.
- *Sch. orssichiana* hat herrlich große, karminrote Blüten.
- *Sch.*-Hybriden gibt es in unzähligen Varianten. Sie warten mit allen Blütenfarben auf, es gibt sogar zweifarbige Züchtungen, z. B. *Sch. × seginae* mit rot-weißen Blüten. Die Entdeckerin der Art *Sch. orssichiana*, die Brasilianerin Beatrix Orssich, schuf zauberhafte Arthybriden, *Sch. × seginae* genannt. So entstanden unter anderem diese wunderschönen rot/weißen Blüten.

Schlangencereus
Selenicereus

  5 – 7   **V** Aussaat / St.

Der Schlangencereus ist in Mexiko ebenso zu Hause wie im Süden der USA, in Westindien und an der Küste von Mittelamerika. Beschrieben wurde diese Gattung von dem Franzosen Lemaire gegen Mitte des 19. Jahrhunderts.

Gestalt: Seine Triebe sind schlank, klimmend oder rankend und haben kräftige Luftwurzeln. Die Dornen sind nur kurz, oft fehlen sie an den kantigen Sprossen. Das Besondere an dieser Gattung sind die Riesenblüten, die in weiß, creme oder auch mehreren Nuancen nachts ihre duftende Pracht entfalten.

Pflege: Man kann *Selenicereus* in Kakteenerde ziehen, schneller gedeiht er aber in einer Erde, der etwas Humus beigemischt wurde. An einem halb sonnigen bis voll sonnigen Platz fühlt sich der Schlangenkaktus am wohlsten. Er benötigt im Sommer nicht nur reichlich Gießwasser, sondern auch hohe Luftfeuchtigkeit. Im Winter sollte er bei 8–10 °C kühl und trocken stehen.

Vermehrung: Vermehrt wird diese Gattung durch Aussaat und durch Stecklinge.

Arten:

- Berühmt ist die Art *S. grandiflorus,* die »Königin der Nacht«, denn ihre riesigen, oft in reicher Zahl erscheinenden Blüten sind wirklich ein Ereignis. Jede Blüte blüht nur eine Nacht. Die Blüten werden 20–30 cm groß und duften wunderbar. Die äußeren Blütenblätter sind braun, die inneren weiß.

Selenicereus grandiflorus, die »Königin der Nacht«.

- Wohl die größten Blüten in dieser Gattung hat *S. hamatus* aufzuweisen: Sie werden 40 cm groß, sind außen bräunlich rot und innen weiß.
- *S. inermis* ist völlig unbedornt, die Triebe haben nur einen Durchmesser von 1,25 cm, die weißen Blüten werden 15 cm groß und erscheinen am Grunde rötlich.

Weitere Arten:

- *S. pteranthus,* die »Prinzessin der Nacht«, mit Blüten wie *S. grandiflorus,* leider jedoch ohne Duft.
- *S. macdonaldiae* mit schönen rötlichen Kelchblättern.
- *S. coniflorus* mit zartgrünem Blütengrund.
- *S. nelsonii* und *S. pringlei* haben beide rein weiße Blüten.

Andere Sukkulenten

Sukkulenten, zu denen auch die im ersten Teil dieses Buches beschriebenen Kakteen gehören, sind Pflanzen, die in der Lage sind, in den Blättern, der Sprossachse oder in den Wurzeln das aufgenommene Wasser als Zellsaft zu speichern. Damit überstehen sie längere Trockenperioden ohne jegliche Probleme.

Woher kommen Sukkulenten?

Das natürliche Vorkommen der Sukkulenten ist auf Trockengebiete beschränkt, in denen die Niederschläge zwar selten, aber regelmäßig fallen. Im Gegensatz zu den rein amerikanischen Kakteen sind die »anderen Sukkulenten« auch in den Trockengebieten Afrikas, Asiens und Australien weit verbreitet. Sukkulenten gehören vielen verschiedenen Pflanzenfamilien an und kommen aus den unterschiedlichsten Regionen der Erde, besonders aus Afrika. Sie sind leicht erkennbar an den verdickten Sprossteilen. Ansonsten sind sie von ganz verschiedener Gestalt.

Dier hier beschriebenen »anderen Sukkulenten« gehören zu folgenden Familien:

- Agavengewächse (Agavaceae)
- Aloengewächse (Aloaceae)
- Dickblattgewächse (Crassulaceae)
- Hundsgiftgewächse (Apocynaceae)
- Korbblütler (Compositae)
- Mittagsblumengewächse (Aizoaceae)
- Seidenpflanzengewächse (Asclepiadaceae) und
- Wolfsmilchgewächse (Euphorbiaceae).

Entsprechend der unterschiedlichen Herkunft und Verwandtschaft haben die anderen Sukkulenten auch ein sehr unterschiedliches Aussehen: Es gibt u. a. rosettenförmige, strauchförmige, lianenartige, baumförmige Vertreter unter ihnen.

Viele heimische Sukkulenten, z. B. *Sedum*-Arten lassen sich bei uns auch im Freiland halten, etwa im Steingarten oder als Dachbegrünung.

An der Westküste von Marokko ist die wüstenartige Landschaft durch Euphorbien geprägt, ähnlich wie in Nordmexiko durch Kakteen.

Wie leben Sukkulenten?

Sukkulenten zählen zu den Xerophyten, zu jenen Überlebenskünstlern unserer Erde, die sich durch verschiedene Methoden an die überaus große Trockenheit ihrer Lebensräume angepasst haben.

Mit der Fähigkeit, das Wasser für längere Zeit zu speichern – die ja von den Kakteen bis zur Perfektion entwickelt wurde –, schufen die Sukkulenten sich selbst Möglichkeiten, um in ihrer lebensfeindlichen Umgebung überleben zu können.

Zum einen minimieren sie durch die eingeschränkte Blattfläche ihre Verdunstung. Zudem entwickeln sie in ihrem feinem Wurzelwerk eine kolossale Saugkraft. Tiefwurzler erreichen unterste Bodenschichten, Flachwurzler breiten sich sehr weit, oft rasenartig aus. Auch die Zahl der Spaltöffnungen ist geringer als bei anderen Pflanzen; dadurch ist ihre Verdunstung insgesamt stark eingeschränkt.

Der Wassermangel hat auch die äußere Gestalt der sukkulenten Pflanzen im Laufe der Jahrmillionen der Evolution letztlich so stark verändert, dass ihre Körperoberfläche deutlich reduziert wurde – rundliche Körperformen haben eine geringere Oberfläche als kantige oder stärker verzweigte; auch dadurch verringert sich die Verdunstung. Dies ist auch absolut notwendig, denn der Verlust bzw. der Erhalt der Feuchtigkeit ist in ihren Heimatgebieten eine Frage von Leben und Tod.

Die wenige Feuchtigkeit, die diese Pflanzen durch seltene Niederschläge oder nächtlichen Tau aufnehmen, wird zumeist in dem zentral

Euphorbia milii mit leuchtend roten Hochblättern.

gelegenen, schwammigen Wassergewebe gespeichert. Es handelt sich aber nicht um reines Wasser, sondern um Zellsaft, der in den Zellen eingeschlossen ist und Stoffe enthält, die bei Verletzungen antrocknen und so die Pflanze vor Infektionen schützen.

Blatt- und Stammsukkulente

Die Wasserspeicherung erfolgt bei den einzelnen Sukkulenten in ganz unterschiedlichen Organen. Bei den Gattungen *Lithops, Aloe* und *Mesembryanthemum* erfolgt sie beispielsweise in den Blättern. Bei anderen Gattungen, von denen einige in Steppen und Wüsten heimisch sind, haben verdickte Wurzeln die Wasserspeicherung übernommen. Beispiele hierfür sind Arten der Gattungen *Pelargonium* und *Oxalis*.

Rosettenförmig mit hängenden Glockenblüten wächst *Echeveria*.

Die *Conophytum incurvum*-Formen nennt man auch »Blühende Steine«.

Man unterscheidet daher Blatt- und Stammsukkulenten. Bei den **Stammsukkulenten** speichert der ganze, stark verdickte Spross das Wasser. Die besten Beispiele dafür sind die Kakteen. Unter den »anderen Sukkulenten« gibt es zahlreiche Vertreter, die oft entsprechend kakteenähnlich aussehen, etwa in den Gattungen *Pachypodium, Euphorbia, Stapelia* und bei weiteren Vertretern der Familie der Asclepiadaceae. Die Stammsukkulenten besitzen nur sehr unscheinbare oder gar keine Blätter und verringern damit die Verdunstungsfläche. Ideal ist dabei die Kugelform, wie etwa bei *Euphorbia obesa*.
Bei den **Blattsukkulenten** dienen dagegen die mehr oder weniger stark verdickten Blätter als

Wasserspeicher. Typische Vertreter sind: *Agave, Aloe, Gasteria, Haworthia, Lithops, Mesembryanthemum, Sedum* und *Sempervivum*. Allerdings ist es schwer, eine exakte Grenze zwischen Blatt- und Stammsukkulenten zu ziehen, da eine Reihe von ihnen beiden Kategorien zugeordnet werden können.
Viele Sukkulenten haben sich außerdem noch mit schützenden Vorrichtungen ausgestattet, um an trockenen Standorten zu überleben: Sie besitzen wie die Kakteen eine stark verdickte Cuticula (Außenhaut) und versenkte Spaltöffnungen (Stomata). Auf diese Weise setzen sie die Verdunstung auf ein Minimum herab.
Nicht selten findet man auch bei Sukkulenten eine Bereifung aus interessant gefärbten

Wachskristallen auf der Cuticula. Daher gibt es viele blau, grau oder weiß bereifte Sukkulenten.

Kakteen zum Verwechseln ähnlich

Noch etwas ist interessant beim Beschäftigen mit sukkulenten Pflanzen: Es gibt Sukkulenten in Afrika, die auffallende Ähnlichkeiten zu nicht verwandten Arten in Amerika haben. *Astrophytum asterias* aus Mexiko und *Euphorbia obesa* aus Afrika z. B. erscheinen äußerlich sehr ähnlich. Dies nennt man Konvergenz, und es ist der Beweis dafür, dass ähnliche Umwelteinflüsse auch bei unterschiedlichen Pflanzenfamilien ähnliche Formen der Anpassung und des Aussehens hervorbringen.

Die kugelige Stammsukkulente *Euphorbia obesa* erinnert an den Kaktus *Astrophytum asterias*.

Crassula perfoliata mit ihren leuchtend farbigen Blütendolden ist eine typische Blattsukkulente.

Sukkulenten richtig pflegen

Sukkulenten sind in der Pflege ähnlich zu behandeln wie die Kakteen. Allerdings stimmen hier die Extreme nicht mehr: Die strenge Winterruhe ist bei den meisten nicht angebracht, weil sie im Unterschied zu Kakteen auch im Winter etwas höhere Temperaturen und etwas Feuchtigkeit benötigen.

Licht

Viele Sukkulenten leben im Halbschatten, aber die meisten benötigen viel Licht, einige von ihnen wollen sogar volle Sonne, zum Beispiel die Agave. Allerdings handelt es sich hier um eine Sukkulente, die im Sommer lieber im Freien als im Zimmer steht und daher nach der lichtarmen Zeit unbedingt erst einmal einen schattigen Platz im Freien bekommen sollte. Ideal ist auch ein bewölkter Tag. Nur langsam darf man die Pflanzen an die volle Sonne gewöhnen. Dies gilt übrigens für alle Pflanzen, die Sie nach dem langen Winter ins Freie stellen, sonst kann es zu irreparablen Schäden kommen.

Zum Verwechseln ähnlich sehen sich manche Kakteen und andere Sukkulenten; besonders die Gattung *Euphorbia* enthält sowohl säulenförmige als auch kugelige, kakteenartige Vertreter.

Wasser

Sukkulenten sollten regelmäßig gegossen werden. Allerdings warten Sie bitte, bis die Erde vollkommen ausgetrocknet ist und schütten nach dem Gießen das überschüssige Wasser aus dem Übertopf oder dem Untersatz weg, denn nasse Füsse bekommen keiner Sukkulente!

Substrat

Das Substrat darf nicht ganz so karg und sandig wie bei den Kakteen sein. Es ist empfehlenswert, der Sukkulentenerde jeweils eine Hand voll Lehm und Lauberde beizumischen. Natürlich auch etwas sauberen Sand wegen der besseren Wasserführung.

Sukkulenten im Winter

Ab August wird nicht mehr gedüngt und ab September nur noch ganz selten gegossen. So bremsen Sie den Austrieb der Pflanzen, und die Sukkulenten kommen ausgereift mit »alten« Sprossteilen ins Winterquartier, wo sie den Winter problemlos überstehen, wenn die Temperaturen bei 10 bis 15 °C liegen. Sie sollten zugluftsicher und hell stehen und etwa alle vier bis fünf Wochen eine kleine Wassergabe bekommen. Bevor Sie die Sukkulenten aber hereinstellen, schauen Sie sich die Pflanzen genau an, ob sich nicht irgendwo unliebsame blinde Passagiere finden, zum Beispiel Ameisen und Schnecken.
Da Sukkulenten im Winter zumeist nur von einer Seite Licht bekommen, sollte man sie zweimal wöchentlich etwas drehen.

Ähnlich wie die kleineren Kakteen lassen sich auch die anderen Sukkulenten gut auf dem hellen Fensterbrett halten.

Auf einen Blick

- Sukkulenten speichern Wasser in verdickten Körperteilen, um lange Trockenperioden zu überstehen.
- Sukkulenten gibt es nicht nur in Amerika, sondern auch in Afrika, Asien und Europa.
- Sie gehören zu vielen verschiedenen Pflanzenfamilien.
- Sukkulenten haben ähnliche Ansprüche an die Pflege wie Kakteen.

Die schönsten Sukkulenten im Porträt

Das Dickblatt, im Volksmund auch Geld- oder Pfennigbaum genannt, kennt jedes Kind. Doch es gibt noch eine Vielzahl weiterer, sehr attraktiver und dabei pflegeleichter Sukkulenten, die unser Fensterbrett mit ihrer interessanten Gestalt und ihren schönen Blüten bereichern.

● **Sukkulenten von A–Z** ....
Ausführliche Beschreibungen der beliebtesten Sukku-
lenten. Dazu viele Tipps zur Vermehrung und Pflege sowie
Hinweise auf Sorten und verwandte Arten.

Kurzstiel

Adromischus

  5 – 7  V Stecklinge

Adromischus cooperi

Der Kurzstiel (Familie Dickblattgewächse/ Crassulaceae) kommt aus Südafrika und wurde von dem französischen Botaniker C. A. Lemaire Mitte des 19. Jahrhunderts beschrieben und benannt.

Gestalt: Diese kleine, buschig wachsende Sukkulente ist als Zimmerpflanze sehr beliebt. Die dickfleischigen Blätter sind bei einigen Arten dekorativ gemustert oder stark ausgefärbt. *Adromischus*-Arten sind kurzstämmige, buschig wachsende, klein bleibende Pflanzen.

Pflege: Je heller und sonniger der Kurzstiel steht, desto stärker ist die Blattfärbung ausgeprägt. Im Sommer braucht die Pflanze deshalb einen hellen und warmen Platz. Man kann sie auch im Freien aufstellen, wenn man ihr einen Schutz vor zu viel Regen gibt. Denn stauende Nässe mögen die Pflanzen gar nicht. Im Winter *Adromischus* relativ kühl stellen (um 10 °C) und dann auch entsprechend weniger gießen, oder man lässt ihn im warmen Zimmer am hellen Fenster und gießt natürlich reichlicher. Als Substrat verwendet man Kakteenerde mit Sand- und Humusbestandteilen.

Vermehrung: Vermehrt wird der Kurzstiel durch Stecklinge, die einige Zeit an der Luft trocknen sollten.

Arten: Die Gattung umfasst etwa 50 Arten, die aber nicht alle als Zimmerpflanzen populär geworden sind.

- Am bekanntesten ist *A. cooperi*, mit dicht beieinander sitzenden dicken, spatelig eiförmigen Blättern. Den Zierwert dieser Art machen die dunklen Flecken auf dem grünen Pflanzenkörper aus. Gelegentlich blüht diese Art mit weißlich rosa Blüten, die in einer lockeren Ähre erscheinen.

- Eine Abart von *A. cooperi*, früher als *A. festivus* bezeichnet, hat nur wenige walzenförmige, leicht gestielte Blätter, die vorn wellig gestutzt sind. Die Blätter haben dekorative weißgrüne und wenige pupurne Flecken.

- *A. maculatus* wächst fast rosettenartig mit eiförmigen, nur wenig gewellten Blättern, die weinrote breite Flecken aufweisen.

Rosettenbäumchen
Aeonium

 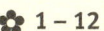 1 – 12  **V** Aussaat / St.

Das Rosettenbäumchen (Familie Dickblattge-wächse/Crassulaceae) ist in Marokko, auf den Kanarischen Inseln, Madeira und im westlichen Mittelmeergebiet beheimatet. Ausführlich beschrieben und benannt haben diese Blattsukkulente die beiden Botaniker P. B. Webb aus London und S. Berthelot aus Marseille im 19. Jahrhundert in ihrem botanischen Werk über die Kanarischen Inseln.

Gestalt: *Aeonium* wächst zumeist halbstrauchig mit rosettenartigen Zweigspitzen oder einfach als Rosette auf dem Boden aufsitzend. Die Blätter sind flach, etwas fleischig, sie verjüngen sich fast immer keilig. Die grünen oder dunkelroten Rosettenblätter auf den verzweigten Stämmen wirken wie Blüten. Die Äste sind mehr oder weniger stark gebogen, was dieser Pflanze ein exotisches Aussehen

Aeonium arboreum 'Atropurpureum'

Aeonium arboreum

gibt. Die Blüten sind gelb und erscheinen in dichten Büscheln über den Rosetten an separaten Ästen. Es ist jedoch nicht einfach, *Aeonium* zum Blühen zu bringen.

Pflege: *Aeonium* ist es eine sehr unproblematische Pflanze, die leicht zu pflegen ist. Ein

sonniger Platz ist das Beste für diese Pflanze, die im Sommer sogar ins Freie ausgepflanzt werden kann. Mit dem Gießen sollte man es nicht zu gut meinen, weil *Aeonium* sonst die Blätter fallen lässt. Ich gieße immer erst dann, wenn das Substrat völlig trocken ist (Fingerprobe). Als Substrat verwendet man nährstoffreiche Erde mit reichlich Sand. Stehen die Pflanzen zu dunkel, werden grüne Exemplare hell, und rötliche Pflanzen fallen ins Grün zurück. Die meisten Arten kann man durch einen Rückschnitt in Form halten, wenn ihre Stämmchen verkahlen. Im Winter sollte man das Rosettenbäumchen kühl und bei mindestens 10 °C halten.

Vermehrung: Man lässt ganze Rosetten oder auch Blätter an der Luft trocknen und steckt sie dann zum Bewurzeln in die Erde.

Arten:

- *A. arboreum* ist an sich grün. Die Sorte 'Atropurpureum' ist jedoch dunkelrot gefärbt, sie vergrünt aber im Winter bei Lichtmangel. Sobald die Sonne wieder da ist, färbt sich die Pflanze erneut rot. Diese Art ist stamm- und astbildend und erinnert im Äußeren an ein kleines Bäumchen, zudem sie ca. 50 cm hoch werden kann.

- *A. nobile* wird ebenso breit wie hoch, auch die Blätter sind riesig – bis 30 cm – und haben eine olivgrüne Färbung.

- *A. tabuliforme* hat Rosettenblätter, die flach auf der Erde liegen und aus vielen Einzelblättern bestehen. Zweifellos ist dies die auffallendste Art . Die Rosetten sind dicht bewimpert und wenden sich immer zum Licht. Die gelben kleinen Blüten sitzen in einer bis 60 cm hohen Ähre.

Mein Rat

Bei *Aeonium tabuliforme* sorge ich stets rechtzeitig für Nachwuchs, weil die Pflanze nach der schönen Blüte abstirbt.

Agave
Agave

 ✿ 5 – 8  **V** Kindel

Agaven (Familie Agavengewächse/Agavaceae) kommen aus dem Süden Nordamerikas und dem Norden Südamerikas. Dort wachsen sie in Regionen, in denen es heiß und trocken ist, zu riesigen Exemplaren heran. Benannt hat diese Gattung der schwedische Naturforscher Carl von Linné im 18. Jahrhundert.

Gestalt: Agaven sind meist stammlose Rosettenpflanzen mit einer unterschiedlich stark ausgeprägten Blattsukkulenz. Die linealischen Blätter tragen häufig Randdornen und meist einen kräftigen Enddorn, der als solcher nicht so leicht erkennbar ist, weil er direkt aus dem Blatt gebildet wird und eine harte, spitze Verlängerung des Blattes darstellt. Agaven blühen nur einmal im hohen Alter und sterben dann ab. Sie bilden aber rechtzeitig viele Kindel. Es gibt weiß gestreifte Agaven, rein grüne und auch gelb gestreifte Formen.

Pflege: Agaven sind eigentlich keine Zimmerpflanzen im typischen Sinne, aber man kann sie auch nicht als Gartenpflanzen bezeichnen, da sie ja den Winter über unbedingt ins Haus müssen. Sie zählen folglich zu den Kübelpflanzen. Im Sommer mögen sie alle einen sonnigen Platz – am besten im Freien. Als Substrat reicht eine humose Erde, die reichlich mit Sand vermischt wird. Agaven sollten im Sommer regelmäßig gegossen werden, aber immer erst dann, wenn die Erde im Topf völlig ausgetrocknet ist. Gedüngt wird etwa alle 3 Wochen mit einem Kakteenspezialdünger, aber nur bis Ende August. Im Winter stellt man die Agaven frostfrei bei etwa 5 °C auf und gießt sie dementsprechend wenig. Der Raum muss hell sein, sonst bilden die Pflanzen gelbliche weiche Spitzen, die sich zudem noch schief nach dem Licht richten.

Vermehrung: Agaven bilden reichlich Kindel, die man zur Vermehrung nutzen kann.

Agave filifera

Agave americana medispicta

Arten: Es gibt etwa 300 Agaven-Arten.

- *A. americana* ist die wohl größte, sie kann einen Umfang von 3 m erreichen. Ihre Sorten 'Marginata' und 'Variegata' mit gelber bzw. weißer Blattzeichnung sind besonders dekorativ und auch als Kübelpflanzen ausgesprochen beliebt.
- *A. angustifolia* gehört zu den graubereiften Agaven, sie erreicht einen Durchmesser von knapp einem Meter und der beeindruckende seltene Blütenstand erreicht die Höhe von 5 m.
- *A. filifera* bleibt klein und gedrungen, an den Blattenden lösen sich weiße dekorative Fäden.
- *A. salmiana* ist in Mexiko zu Hause. Sie bildet eine große Rosette (3 m Durchmesser) aus blaubereiften Blättern, die an den Rändern dunkel bedornt sind. Ihre Blüte ist gelb. Ihr Platz sollte halbschattig bis sonnig sein. Im Winter darf sie nicht kühler als 8 °C stehen, dann natürlich ganz wenig gießen.
- *A. stricta* hat ganz schlanke Blätter, die aber in großer Anzahl erscheinen.
- *A. victoriae-reginae* stammt aus Mexiko und hieß früher *A. ferdinandi-regis*. Sie bildet besonders schöne Blattrosetten.
- *A. yuccifolia* trägt auf den grünen Blättern feine rote Punkte.

Mein Rat

Beim Umtopfen meiner Agaven wickele ich sie in eine Decke, damit ich mich nicht an ihren scharfen Spitzen verletze.

Agave victoriae-reginae

Aloe
Aloe

☀ – ◐   ✿ 2 – 7   🪣   V Kindel

Diese seit Alters her bekannte Zimmerpflanze aus der Familie der Aloengewächse (Aloaceae) stammt aus Süd-, Zentral- und Ostafrika. Auch auf Madagaskar ist sie zu Hause. Der schwedische Naturforscher Carl von Linné beschrieb sie im 18. Jahrhundert.

Gestalt: *Aloe* hat rosettenförmig angeordnete Blätter, die spitz auslaufen. Sie sind sehr dickfleischig und oft gemustert oder farbig und tragen häufig scharfe Dornen an den Rändern und Blattspitzen. Sogar bei warmem Winterstandort entfaltet die *Aloe* bereits im Januar und Februar ihre leuchtenden Blütenstände, die sich an langen Stielen über die Blattrosette erheben. *Aloe* wird wegen der entzündungshemmenden Blattsäfte als Heilmittel und Kosmetikzusatz genutzt. Es gibt auch Arten, die in ihrer Heimat baumartig wachsen.

Pflege: Als Substrat genügt der Pflanze eine Kakteenspezialerde. Gedüngt wird *Aloe* nur einmal im Sommer mit einem Kakteenspezialdünger. Gegossen wird sie ebenfalls nur mäßig. Im Sommer sollte man Aloen ins Freie stellen, pralle Sonne ist aber anfangs auf jeden Fall zu vermeiden. Erst, wenn sich die Pflanze an den neuen Standort gewöhnt hat, kann man sie auch in der Sonne belassen. Zudem sollte man darauf achten, dass sie keinem Dauerregen ausgesetzt wird, denn stauende Nässe bekommt ihr nicht gut. Man

Aloe variegata

gießt erst dann, wenn die Erde völlig ausgetrocknet ist.

Vermehrung: Vermehrt wird *Aloe* durch Ableger, die sich reichlich bilden. Sie werden von der Mutterpflanze abgenommen und neu eingetopft. Man kann Aloen auch durch Aussaat vermehren.

Arten:

- *A. arborescens* wächst ziemlich groß, in ihrer Heimat kann sie 4 m hohe Büsche bilden. Sie verzweigt sich und formt von unten her einen Stamm. Sie ist auch eine dankbare Kübelpflanze. Ihre dickfleischigen Blätter sind dunkelgrün und am Rande bedornt.
- Schön ist die Rosetten bildende *A. aristata*, ihre Blätter sind borstig gezähnt.
- *A. variegata* besitzt gelbgrüne Blätter, die wie Dachziegel übereinander angeordnet sind.
- *A. vera* ist die berühmteste Aloe, die sowohl medizinischen als auch kosmetischen Zwecken dient.

Kegelpflanze, Blühender Stein
Conophytum

  ✿ 10 – 12   V Aussaat

Diese reizenden Gewächse aus der Familie der Mittagsblumengewächse *(Aizoaceae)* kommen aus Südafrika, vorwiegend aus Namibia.

Viele Arten leben in den schottergefüllten Tälern der südafrikanischen Nebelwüsten. Sie wurden von dem britischen Botaniker N. E. Brown beschrieben und benannt. Er widmete seine Forschungen zu Beginn des 20. Jahrhunderts vor allem den Sukkulenten und im Speziellen den Aizoaceae.

Gestalt: *Conophytum* ist äußerlich der Gattung *Lithops* sehr ähnlich, denn wie jene kann man sie oftmals ohne Blüte kaum von steinigem Untergrund unterscheiden. Das dickfleischige Blattpaar erscheint nur einmal pro

Conophytum wettsteinii

Jahr. Es trocknet zu Beginn der nächsten Vegetationsperiode ab und macht so dem neuen, im Inneren heranwachsenden Blattpaar Platz. Ebenso schiebt sich dann die Blüte hervor, an der man die Verwandtschaft zu den Mittagsblumen deutlich erkennen kann. Kegelpflanzen wachsen meist in Gruppen. Ihre klein bleibenden fleischigen Körper sind bläulich oder auch bräunlich bereift und bei manchen Arten mit kleinen Punkten oder Flecken gemustert. Die Körperform erinnert an umgekehrte Kegel. Es gibt zwei Gruppen von *Conophytum:* Die eine erscheint deutlich wie zwei aufrecht stehende dicke Blätter, aus deren Mitte die Blüte treibt, die andere ist wie ein Körper geformt. Ihre zwei Blätter sind zusammengewachsen – nur ein kleiner Spalt bleibt oben offen.

Pflege: In der Hauptwachstumszeit bedecken viele zarte pastellfarbene Blüten die gesamte Pflanze. Die Ruhezeit beginnt für diese Sukkulente erst im Januar, dann stellt man sie bei etwa 14 °C auf und gießt fast gar nicht mehr. Nach Ende der Ruhezeit erst vorsichtig mit dem Gießen beginnen, denn die Pflanzen faulen leicht. Ohnehin sollte man diese empfindlichen Pflanzen erst dann gießen, wenn die Erde vollständig abgetrocknet ist. Als Substrat bevorzugt die Kegelpflanze leichte, humusreiche, sandige Erde. Viel Frischluft und einen Platz, an dem die Pflanzen vor Regen geschützt stehen, ist das Beste für diese schöne Mittagsblume.

Vermehrung: Vermehrt wird *Conophytum* durch Aussaat.

Arten: Es gibt etwa 300 Arten in der Gattung *Conophytum*.

Conophytum advenum

- *C. obcordellum* bildet mit seinen runden kleinen Körperchen, die aus zwei fest miteinander verwachsenen Blättern bestehen, mit der Zeit dichte Rasen, die mit zarten gelben Blüten bedeckt werden. Die Blüten duften angenehm.
- *C. ficiforme* blüht violett und duftet dabei süßlich.
- *C. saxetanum* blüht weiß.
- Aus Südafrika stammt die pinkfarben blühende Art *C. wettsteinii*.

Mein Rat

Eingeschrumpelte *Conophytum*-Pflanzen auf keinen Fall wegwerfen. Im Juni kommen die neuen!

Crassula perfoliata

Dickblatt

Crassula

  5 – 8  **V** Stecklinge

Die meisten der 300 Dickblatt-Arten (Familie Dickblattgewächse/Crassulaceae) kommen aus Südafrika und wurden vor allem von dem schwedischen Naturforscher Carl von Linné im 18. Jahrhundert beschrieben und benannt.
Gestalt: Die Größe und der Wuchs der *Crassula*-Arten sind sehr verschieden. Doch alle haben dicke fleischige Blätter, die zwar klein, aber dennoch auffallend sind, weil sie zu sehr vielen zusammenstehen. Die meisten Arten werden riesig und bilden in ihrer Heimat regelrechte Bäume und Sträucher. Manche von ihnen gleichen rasenbildenden Rosettenpflanzen. Einige Arten sind nur einjährig, andere kommen sogar in Sümpfen vor. Die Blüten stehen bei allen Arten in meist reichblütigen, dichten Trugdolden, sie sind sternchenförmig und weiß bis rosa oder auch rot.
Pflege: Auch unter Wohnraumbedingungen können sie blühen. Sie haben sich als Zimmerpflanze hervorragend bewährt.
Das Dickblatt braucht einen hellen, fast sonnigen Platz. Im Sommer nur sparsam gießen. Als Substrat verwendet man normale Kak-

teenerde. Im Frühjahr kann man etwas Dünger verabreichen. Niemals in die Rosetten oder auf die Blätter gießen, sie faulen leicht.
Vermehrung: Vermehrt wird *Crassula* durch Aussaat oder noch besser durch Blatt- oder Triebstecklinge oder durch das Teilen älterer Pflanzen.

Arten:

- *C. arborescens* ist in ihrer Heimat ein großer Strauch oder kleiner Baum. Bei uns wird sie nach Jahren 80 cm hoch und blüht auch selten weiß bis rosa. Die dicken, fleischigen Blätter sind oval mit einer weichen Spitze und blaugrün bereift. Als Unterscheidungsmerkmal zu anderen Arten erkennt man auf den Blättern kleine rote Punkte und einen rötlichen Blattrand.

- *C. columnaris* bildet kleine Stämmchen, die völlig von den runden bis elliptischen Blättern bedeckt werden. Diese sind muschelförmig, und am Rande besitzen sie Wimpern. Da die Blätter so dicht übereinander liegen, hat man den Eindruck, hier ein kugeliges Exemplar zu haben. Bei Blütenbeginn spreizen sich die Blätter auseinander, und die weißen Blütenstände ragen heraus.

- Im Winter erfreut *C. lactea* mit weißen duftenden Blüten. Ihre eiförmigen Blätter laufen spitz aus, die Triebe erscheinen niederliegend. Diese Art sollte man den Sommer über unbedingt ins Freie stellen.

- *C. ovata* ist als »Geld-« oder »Pfennigbaum« oder auch als »Deutsche Eiche« bekannt. Früher wurde sie als *C. portulacea* geführt. Dieses bäumchenartige Dickblatt hat rundlich ovale Blätter und blüht weiß.

- *C. perfoliata* (Syn.: *C. falcata*) hat wunderschön leuchtend rote Blüten und dunkle, dachziegelartig übereinander stehende Blätter. Sie sind so dicht, dass sie fast wie Stiele wirken. Diese Art bleibt klein und ist auch unter dem Namen *Rochea perfoliata* bekannt.

Crassula pyramidalis

Echeveria derenbergii

Echeverie
Echeveria

  2 – 9 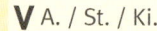 V A. / St. / Ki.

Die meisten Echeverien aus der Familie der Dickblattgewächse/Crassulaceae sind in Amerika verbreitet. Von Texas über Kalifornien bis nach Argentinien im Süden gibt es rund 100 verschiedene Arten. Der Schwerpunkt ihrer Verbreitung liegt in Mittelamerika.

Beschrieben hat sie der Schweizer Botaniker A. P. de Candolle im 19. Jahrhundert.
Gestalt: Die meisten *Echeveria*-Arten wachsen rosettenartig und bleiben niedrig. Die Blätter sind dickfleischig, und ihr Farbenspiel reicht von Hellgrün über blau bereift bis zum

dunklen Rot bei der Zimmerhybride 'Perle von Nürnberg'. Ihre nickenden kleinen Blüten erscheinen am Stiel in kräftigem Orange, Gelb, Rot oder Rosa.

Pflege: Als Substrat verwendet man kräftige, lehmhaltige Erde, der etwas Sand beigemischt wird, damit die Pflanzen nicht faulen. Dies ist besonders dann wichtig, wenn man sie im Sommer ins Freie stellen will und starke Regenfälle kommen.

Echeveria bevorzugt einen sonnigen Platz. Im Sommer kann man die Pflanzen alle drei Wochen mit einem Kakteendünger düngen. Im Winter reicht ein heller, aber kühler Standort um 10 °C mit wenig Wasser.

Vermehrung: Vermehrt werden Echeverien durch Blattstecklinge, die man einige Tage an der Luft trocknen lässt und dann in feuchtes Sand-Erde-Gemisch steckt.

Arten:

- *E. agavoides* erinnert an eine Agave, weil die breiten dreieckigen Blätter spitz auslaufen. Diese Art bildet kleine Stämmchen. Bei guter Pflege wird sie 30 cm hoch. Ihre Blätter sind hellgrün, färben sich bei starker Sonne jedoch rötlich. Die Blütenstiele ragen 50 cm hoch, die Blüten zeigen gelbe und rote Färbung.

- *E. carnicolor* besitzt dickfleischige Blätter, die schwach bereift sind und zudem rosig und metallen schimmern. Die Blütenstände erreichen eine Höhe von 20 cm und blühen rot.

- *E. derenbergii* stammt aus Mexiko und blüht von April bis Juni.

- *E. laui* kommt aus Mexiko und blüht von Oktober bis März (siehe Bild Seite 65).

Mein Rat

Ich lasse meine Echeverien völlig austrocknen und gieße sie im Sommer dann so reichlich, dass das Wasser bis in den Untersatz läuft. Das schütte ich dann natürlich weg.

- *E. secunda* bildet stammlose Rosetten mit sehr vielen eiförmigen Blättern, die an sich grün sind, im Alter oder in der Sonne aber rötlich werden. Die Blätter haben am Rand eine Spitze, die wie aufgesetzt wirkt. Die Blüten sind leuchtend rot und haben gelbe Spitzen.

- *E. setosa* bildet sehr flache bis kugelförmige Rosetten. Die blaugrünen Blätter sind beiderseits dicht mit weißen Haaren bedeckt. Die Blüten erscheinen in Orange. Sehr vorsichtig gießen!

Echeveria setosa

Wolfsmilch
Euphorbia

  10 – 3   **V** Stecklinge

Die artenreiche Gattung *Euphorbia* (Familie Wolfsmilchgewächse/Euphorbiaceae) ist praktisch auf der ganzen Erde verbreitet. Doch die hier erwähnten Arten kommen meistens aus Afrika. Benannt hat sie der schwedische Naturforscher Carl von Linné.
Gestalt: Die Euphorbien sind so vielgestaltig, dass man sie kaum in wenigen Worten beschreiben kann. Manche Arten sehen aus wie ein Kaktus, andere wie eine Blattpflanze und wieder andere wie eine Staude. Hier sollen vor allem die sukkulenten Arten erwähnt werden, die oftmals eine bizarre Gestalt haben. Nur Christusdorn und Weihnachtsstern erfreuen uns durch gefärbte Hüll- bzw. Hochblätter mit auffälligen »Blüten«; die eigentlichen Blüten sind bei allen Arten winzig.
Pflege: Euphorbien brauchen im Sommer einen warmen und sonnigen Platz, im Winter sollte er hell sein und nicht so kühl wie bei

Euphorbia grandicornis

den meisten anderen Sukkulenten. Um 15 °C ist die richtige Temperatur. Viele vertragen auch trockene, warme Zimmerluft. Als Substrat verwendet man eine humusreiche, leicht sandige Erde. Euphorbien sollten im Sommer ausreichend gegossen werden, bei Wärme auch im Winter sparsam. Sie wachsen relativ schnell und sind oftmals nur durch einen starken Rückschnitt zu bändigen.

Vermehrung: Vermehrt werden Euphorbien aus Samen und Stecklingen. Diese sollte man einige Zeit ins warme Wasser stellen, damit der Milchsaft austritt. Danach legt man die Stecklinge einige Tage zum Trocknen an die Luft und steckt sie dann in ein Sand-Erde-Gemisch.

Arten:

- Interessant ist die Art *E. caput-medusae,* das »Medusenhaupt«. Diese Pflanze besitzt eine Rübenwurzel. Aber das Auffallende an ihr sind die graugrünen langen Triebe, die aus einer Rosette entspringen und auf dem Boden bleiben. Nur die Spitzen heben sich empor. Sukkulente Blattpolster bedecken die Triebe. Die Blätter selbst sind sehr klein und fallen bald ab. Die Blüten erscheinen reichlich in den Achseln der Blattpolster und haben als auffallenden Schmuck große Honigdrüsen.
- *E. esculenta* hat runde Sprosse, die alle rosettenförmig aus einer Mitte hervorkommen. Die mehlig weißen Glieder sind dick und an den Enden abgerundet.
- *E. grandicornis* sieht einem Kaktus sehr ähnlich. Sie bildet dreirippige, kantige Glieder, die sich verzweigen.
- Der bekannte Christusdorn, *E. milii,* blüht in vielen Farben. Die Pflanze kommt aus

Euphorbia milii, der Christusdorn.

Madagaskar, von ihr gibt es heute viele Züchtungen.

- Einem Kaktus, nämlich *Astrophytum,* sieht *E. obesa* ähnlich (siehe Bild Seite 34).

Zur Gattung *Euphorbia* gehört übrigens auch der Weihnachtsstern, *E. pulcherrima.*

Mein Rat

Vorsicht! Der bei Wolfsmilch-Pflanzen austretende Milchsaft ist je nach Art mehr oder weniger giftig. Deshalb Handschuhe verwenden und Augen schützen.

Tigerrachen
Faucaria

  5 – 9  V Teilung

Zur Familie der Mittagsblumengewächse (Aizoceae) gehört diese Gattung aus Südafrika, wo in den Halbwüsten mehr als 30 hochsukkulente Arten vorkommen. Beschrieben wurde sie von dem Deutschen G. Schwantes.

Faucaria trigrina, der Echte Tigerrachen.

Gestalt: Diese Sukkulente bleibt niedrig und hat kräftige, dorn- oder grannenartig vorgezogene Zähne an den meist dreieckigen, sehr fleischigen Blättern. In aller Regel trägt ein Spross zwei bis drei Blattpaare und das jüngste, sich gerade entfaltende Blatt erinnert an einen aufgesperrten Raubtierrachen – daher der deutsche Name. Ältere Pflanzen treiben Seitensprosse, so dass dichte Gruppen entstehen.

Pflege: Im Spätsommer öffnen sich bei Sonne die gelben Blüten.

Tigerrachen mögen einen sonnigen Platz, im Sommer auch im Freien, weil sie viel frische Luft benötigen. Allerdings sollten sie dann vor Regen geschützt stehen, denn gegen stauende Nässe sind sie empfindlich.

Im Winter stellt man sie relativ warm, bei 10–15 °C, und gießt so gut wie gar nicht. Nur alle drei Wochen sollte etwas Wasser gegeben werden.

Als Substrat verwendet man eine normale Kakteenerde. Gedüngt wird in der Hauptwachstumszeit einmal vor der Blüte mit einem Kakteenspezialdünger.

Vermehrung: Faucarien kann man durch Teilen älterer Pflanzen vermehren, aber auch durch Aussaat.

Arten:

- Am bekanntesten ist der Echte Tigerrachen, *F. tigrina,* mit graugrünen, weiß gepunkteten Blättern, deren eine Seite weit über die Spitze der Blätter herausragt. Die Ränder der Blätter haben weiße Zähne. Die gelben Blüten werden etwa 5 cm groß.
- *F. bosscheana* bleibt kleiner als andere Arten und besitzt gleichmäßig glänzende

Die Samen von *Faucaria tigrina* reifen unter einer schützenden Kapsel heran.

grüne Blätter. An den Rändern befindet sich ein knorpeliger weißer Streifen.

- *F. lupina* hat spitz in die Höhe gerichtete, hellgrüne dickfleischige Blätter mit weich gezähnten Rändern. Die gelben Blüten sind relativ groß.

Mein Rat

Meine Tigerrachen gewöhne ich durch immer weniger Wasser schon ab Oktober an die winterliche Durststrecke.

Gasterie
Gasteria

  4 – 8 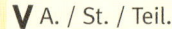 **V** A. / St. / Teil.

Die Gasterie (Familie Aloengewächse/Aloaceae) stammt aus den Kies- und Felsblockwüsten Südafrikas. Inzwischen gibt es viele Hybriden und Varietäten.

Beschrieben und benannt wurde die Gattung von dem französischen Botaniker H. A. Duval Anfang des 19. Jahrhunderts.

Gestalt: Die meisten Arten sind stammlos, ihre Blätter stehen zweizeilig oder spiralig überlappend um die verdeckte Sprossachse. Sie sind dickfleischig und haben eine spitze Form. An den Blatträndern befinden sich keine Zähne oder Dornen, aber die Blattflächen sind – je nach Art und Sorte verschieden – mit weißen Punkten oder kleinen hellen Warzen ausgestattet. Darin liegt auch in der blütenlosen Zeit ihre Attraktivität. Die kleinen, roten oder rosa Blüten erscheinen an langen

Gasteria obliqua

Blütenstielen aus den Achseln der Blätter und haben grüne Spitzen.

Pflege: Als echte Sukkulente möchte die Gasterie das ganze Jahr über einen sonnigen Platz. Im Sommer kann man sie auch ins Freie stellen. Nicht zu häufig gießen, besonders im Winter nur sparsam benetzen. Dann sollte sie auch etwas kühler stehen, um 10 °C ist richtig. Als Substrat kann man leichte Kakteenerde verwenden.

Vermehrung: Vermehrt werden Gasterien durch Abtrennen der Ableger, die sich reichlich bilden.

Arten:

- *G. acinacifolia* hat bis zu 35 cm lange Blätter von tief dunkelgrüner Farbe. Auf den Blättern befinden sich unregelmäßige, weiße Flecken.
- *G. bicolor* (früher: *G. caespitosa*) besitzt zweiteilige Blätter, die etwa 15 cm groß werden. Die weißen Flecken sind zu Querbändern zusammengeflossen, was dieser Pflanze ein besonders dekoratives Aussehen verleiht. Diese Art bildet unzählige Kindel aus.
- *G. maculata* hat 20 cm lange Blätter, deren Oberseiten gewölbt sind, die Unterseiten bleiben flach. Die Pflanze wird durch das Aufwärtswachsen zumeist höher als die anderen Arten. Die dunkelgrüne Farbe der Blätter ist durch weiße Ränder und weiße Flecken unterbrochen.
- *G. obliqua* (Syn.: *G. pulchra*) wirkt durch die zahlreichen, zusammenlaufenden weißen Flecken auf den Blättern sehr

Gasteria liliputana

hell. Ihre Grundfarbe ist jedoch ein sattes Dunkelgrün.

- *G. carinata* var. *verrucosa,* eine alte Zimmerpflanze, ist bereits seit 1700 bekannt. Sie hat kantige Blätter, die unterseits gewölbt sind und warzenähnlich aussehen.

Haworthie
Haworthia

  4 – 8 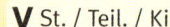 **V** St. / Teil. / Ki.

Die Haworthie (Familie Aloengewächse/ Aloaceae) sieht der *Gasteria* sehr ähnlich und stammt wie diese aus den Felsblock- und Kieswüsten und den Trockenbuschwäldern Südafrikas und Namibias. In den Nebelwüsten Namibias ist der nächtliche Taufall für viele Arten lebensnotwendig. Beschrieben und benannt wurde diese Sukkulente von dem französischen Botaniker H. A. Duval Anfang des 19. Jahrhunderts.

Gestalt: Es handelt sich auch hier um stammlose Blattsukkulenten. Die Blätter stehen dicht, sind spiralig oder mehrreihig gestellt oder dachziegelartig angeordnet. Sie sind verschieden lang, laufen zumeist spitz aus und sind am Rand gezähnt oder bewimpert – im Unterschied zu den Gasterien, die immer glatte Ränder haben. Die kleinen Blüten erscheinen in Rispen und bleiben unscheinbar blässlich rosa.

Pflege: Haworthien möchten einen hellen Platz, sollten aber vor direkter Sonne geschützt stehen. Im Winter genügen den Pflanzen Temperaturen um 12 °C, allerdings sollte man dann weniger gießen. Aber sie überstehen den Winter auch bei normalen Zimmertemperaturen. Gegossen wird das ganze Jahr über nur dann, wenn die Erde vollständig abgetrocknet ist. Im Sommer dabei etwas reichlicher als im Winter.

Als Substrat dient gute Humuserde. Gedüngt wird im Sommer alle drei Wochen einmal mit einem Kakteenspezialdünger.

Vermehrung: Vermehrt werden Haworthien durch Ableger oder Blattstecklinge.

Arten:

- *H. attenuata* bildet aus den spitz auslaufenden Blättern dichte, riesige Rosetten. Die Blätter tragen weiße höckrige Perlen, die sich unterseits zu Reihen ordnen.

- *H. fasciata* hat 4 cm lange Blätter, die rückseitig stark gewölbt und reichlich mit weißen Warzen bedeckt sind. Oftmals laufen sie zu weißen Querbändern zusammen. Die Oberseite der Blätter ist dunkelgrün.

- *H. glabrata* besitzt spitz auslaufende Blätter, die über und über mit rauen Warzen bedeckt sind.

- *H. retusa* hat so genannte Fensterblätter. Die Art bildet breite Rosetten mit eiförmig dreieckigen Blättern, deren obere Hälfte waagerecht wächst. Die Oberseite dieses waagerechten Endes ist durchsichtig, und das Licht fällt zum unteren Teil, da nur diese Blattseite Chlorophyll enthält.

Mein Rat

Meine Haworthien bekommen noch etwas Lehm unter die Erde gemischt.

Haworthia attenuata

Kalanchoe
Kalanchoe

  🌼 1 – 12   V A. / St. / Teil. / Ki.

Kalanchoe laxiflora

Die artenreiche Gattung *Kalanchoe* (Familie Dickblattgewächse/Crassulaceae) kommt in Südafrika, Madagaskar, Indien, Taiwan und Java sowie im tropischen Amerika vor. Benannt hat sie der französische Botaniker M. Adanson Ende des 18. Jahrhunderts.

Mein Rat

Ich schneide ständig neue Stecklinge von den Seitentrieben von *K. blossfeldiana* und habe so immer buschig wachsende Blüher.

Gestalt: Kalanchoen gibt es als Strauch, als Liane, als Staude oder sogar als kleiner Baum. Es ist fast unmöglich, diese Gattung mit einem gemeinsamen Merkmal zu belegen, so formenreich ist sie. Interessant ist auch das breite Farben- und Formenspektrum der Blüten: Es reicht von Weiß und Gelb über Orange, Rosa, Rot bis hin zu Violett und Grünlich. Viele Kalanchoen blühen im Winter, da einige Kurztagspflanzen sind und nicht so viele Tageslichtstunden zum Blühen benötigen.

Pflege: Als Substrat brauchen die Pflanzen eine leichte, aber zugleich humose Erde. Kalanchoen stehen gern hell, einige Arten vertragen aber auch Halbschatten. Andere wiederum kommen gut mit Sonne zurecht.

Vermehrung: Vermehrt werden die Pflanzen durch Aussaat, durch entnommene Kindel, durch Blattstecklinge oder durch von selbst abgeworfene Kindel.

Arten:

● Am bekanntesten ist wohl *K. blossfeldiana*, das Flammende Käthchen. Sie ist eine unermüdlich blühende Zimmerpflanze, die in der Sonne ebenso gut gedeiht wie im Schatten. Ihre kleinen, in dichten Trauben stehenden, leuchtenden Blüten haben durch Neuzüchtungen eine ungemein dekorative Farbenvielfalt erworben: In allen Rot-, Gelb-, Orange- und Violettnuancen

Kalanchoe blossfeldiana

Kalanchoe daigremontiana

Kalanchoe tomentosa

wirbt diese kleine Pflanze um Bewunderer, besonders erfolgreich im Winter.

- *K. daigremontiana* gehörte früher zur Gattung *Bryophyllum* (Brutblatt), wird 50 cm hoch und bekommt bis 15 cm lange, dreieckige Blätter mit langer Spitze und gekerbt gezähnten Rändern. An ihnen sitzen die Brutpflänzchen. Unterseits sind die Blätter grauweiß marmoriert. Diese Kalanchoe zeigt im Winter einen reichlich verzweigten Blütenstand mit unscheinbaren grau-violetten Blüten.

- *K. manginii* hat eine botanische Besonderheit aufzuweisen: Ihre Brutknospen entstehen im Blütenstand.

- *K. tomentosa* besitzt grau filzig behaarte Blätter mit braunen Rändern.

- Aus Südafrika kommt *K. thyrsiflora,* sie blüht von April bis Mai in rosa-weißen Tönen.

Lebende Steine
Lithops

 ❀ 6 – 10 **V** Aussaat

Wohl kaum eine andere Pflanzengattung kann solch eine vollkommene Anpassung an ihre Umwelt vorweisen wie *Lithops*. Diese Mittagsblumengewächse (Familie Aizoaceae) sind nur schwer zu erkennen zwischen den Steinfeldern und Kieswüsten von Kapland und Namibia, weil sie sich in ihrer Färbung den sie umgebenden Steinen angleichen.

Der britische Botaniker N. E. Brown erkannte sie dennoch und beschrieb sie vorzüglich. **Gestalt:** Die Sprosse dieser Lebenden Steine sind ähnlich wie bei *Conophytum* auf ein einziges Blattpaar reduziert. Bis auf eine Kerbe beziehungsweise einen schmalen Spalt ist dieses Blattpaar zusammengewachsen und kegelförmig. Oberseits ist der Pflanzen-

Lithops dorotheae

körper abgeflacht und zu den Kanten hin abgerundet.

Lithops haben eine steinähnliche Farbe und Gestalt, ihre Palette reicht von Grau bis ins Bräunliche mit Punkten, Mustern und Flecken. Das Schöne an diesen winzigen Pflanzen – zumeist werden sie nur 3 cm hoch – sind auch die Blüten, die in Weiß und Gelb auch unter Zimmerbedingungen erscheinen. In der Ruhezeit ist von den Pflanzen fast gar nichts mehr zu sehen, sie ziehen völlig ein, sehen aus wie vertrocknet. Im Alter bilden *Lithops* regelrechte Polster. Sie haben dann eine starke Rübenwurzel.

Pflege: *Lithops* mögen keine nahrhafte Erde. Viel Sand mit etwas Kakteenerde gemischt ist genau das Richtige. Die oberste Schicht sollte aus groben Kieseln bestehen, um stehendes Wasser zu vermeiden.

Lithops brauchen unbedingt einen hellen bis sonnigen Platz. Auch im Winter dürfen sie nicht zu kühl stehen, unter 10 °C ist nicht empfehlenswert. Je kühler der Platz, umso weniger wird befeuchtet. Am besten vergisst man die Pflanzen einfach wochenweise. Selbst in der Hauptwachstumszeit wird *Lithops* nur ganz sparsam gegossen.

Vermehrung: Vermehrt werden die Pflanzen durch Aussaat, etwa ab dem dritten Jahr zeigen sich die ersten Blüten.

Arten:

- *L. bella* kommt aus Namibia, blüht weiß und hat einen gelblich ockerfarbenen Körper mit dunkler Marmorierung, dem Granitgrus der Namibiawüsten angepasst. Die Blüten öffnen sich im September.
- *L. comptonii* zeigt eine Maserung von grau-

Lithops salicola hat einen graugrünen Pflanzenkörper mit dunkler Marmorierung, die Blüte ist weiß.

grüner und oliver Farbe mit purpurnem Fenster. Die Blüten sind gelb.

- *L. dorotheae* stammt aus dem Kapland und blüht gelb.
- *L. turbiniformis* blüht ebenfalls gelb und kommt auch vom Kap. Ihre lehmbraunen, netzartig gefurchten Blätter gleichen dem rötlichen Lehm, auf dem diese Art normalerweise wächst.

Mein Rat

Lithops auf keinen Fall in Komposterde setzen, sie bilden dann massige Körper, die in die Höhe ragen und nicht blühen.

Madagaskarpalme
Pachypodium

  nur in Heimat   **V** Aussaat / St.

Pachypodium baronii

Diese Pflanze ist mit dem Oleander *(Nerium)* verwandt, was man vielleicht an den länglichen spitz auslaufenden Blättern erkennen kann. Die Madagaskarpalme (Familie Hundsgiftgewächse/Apocynaceae) stammt aus den Halbwüsten, Savannen und Dornbuschwäldern Südafrikas und von Madagaskar und steht unter Naturschutz. Beschrieben hat sie der britische Botaniker J. Lindley Anfang des 19. Jahrhunderts.

Gestalt: Diese Stammsukkulente kann in ihrer Heimat bis 10 m hoch werden. Die Stämme sind mit starren Dornen besetzt. Die Blätter stehen gerade von den Stämmen ab und bleiben meistens als Schopf »palmenähnlich« an der oberen Spitze stehen. Sie fallen auch ab, wenn ihre Ruhezeit einsetzt.

Pflege: *Pachypodium* blüht unter Zimmerbedingungen nur selten, da sie erst im hohen Alter bei entsprechender Größe blühen. Die Blüten sind weiß, rot oder rosa. Die Madagaskarpalme möchte einen hellen, aber keinen vollsonnigen Platz. Wichtig ist, dass sie stets warm steht und nicht zu reichlich gegossen wird. Längere Trockenzeiten sind jedoch nicht günstig. Auch im Winter sollte sie mäßig warm stehen. Als Substrat braucht sie eine lockere und humusreiche Erde. Im Sommer kann man der Pflanze alle zwei Wochen einen Kakteendünger verabreichen. Werden die Blätter schwarz, sind zumeist die Bodentemperaturen zu niedrig und die Wassergaben zu reichlich.

Übrigens, im Winter kann die Madagaskarpalme sogar sehr kühl, aber frostfrei und dunkel stehen. Dann verliert sie zwar alle Blätter, treibt aber bei Wärme und Licht im Frühjahr wieder aus.

Vermehrung: Vermehrt wird *Pachypodium* durch Aussaat.

Die Aussaat gelingt aber nur, wenn dauernd eine Bodentemperatur von 22 °C vorherrscht. Deshalb sollte man auf die vegetative Vermehrung ausweichen, denn die Seitentriebe lassen sich als Stecklinge nutzen. Sie müssen aber einige Zeit an der Luft trocknen, bevor sie in die Erde kommen.

Arten:

● Die wohl schönste Art ist *P. baronii* aus dem Norden Madagaskars. Sie hat kugelige, bis 20 cm dicke Sprossknollen, die in einen sich nach oben verjüngenden Stamm übergehen. Der Stamm bringt auch Seitenäste hervor und ist mit Narben versehen. Die Blätter sitzen in Rosetten an den Triebspitzen, sind oval, oberseits dunkelgrün und unterseits filzig. Die Dornen erscheinen paarig an dem Stamm. Die Blüten sind von einem kräftigen Rot.

● *P. geayi* kann bis zu 8 m hoch werden. Für das Zimmer eignen sich nur Jungpflanzen, sie haben einen etwa 5 cm dicken Stamm mit silbergrauer, bedornter Oberfläche. Die Dornen erscheinen zu dritt aus Blattwarzen. Die Oberseite der Blätter ist silbrig, unterseits sind sie rötlich gefärbt. Die Blüten sind relativ klein und weiß.

● *P. lamerei* aus Madagaskar hat keinen ver-

Mein Rat

Einen kalten Fuß vermeide ich, indem ich eine Korkplatte unter den Topf lege.

Pachypodium lamerei

zweigten Stamm, sondern bildet Äste. Die Blätter werden 20 cm lang. Die Blüten sind weiß, sie erscheinen aber nur bei ganz alten Exemplaren. In Botanischen Gärten kann man die herrlichen Trompetenblüten bewundern.

Fetthenne
Sedum

  4 – 9 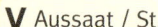 **V** Aussaat / St.

Sedum-Arten gibt es nahezu überall auf der Welt. Diese Gattung ist die artenreichste der Familie Dickblattgewächse (Crassulaceae). Der schwedische Naturforscher Carl von Linné beschrieb und benannte diese Gattung im 18. Jahrhundert.

Gestalt: Diese Blattsukkulenten sind von sehr unterschiedlicher Gestalt, treten aber häufig in Rosettenform auf. Andere haben wieder dichte kleine Blätter, die übereinander liegen und lange Gliedmaßen bilden. Weiterhin gibt es Arten, die einer Gartenstaude sehr ähnlich sehen, nur, dass beim *Sedum* die Blätter dickfleischig sind.

Pflege: Für das Zimmer eignen sich auch die nicht winterharten Arten. Fetthennen brauchen einen hellen bis sonnigen Platz. Im Winter möchten die Pflanzen etwas kühler ste-

Sedum rubrotinctum

hen, 15 °C sind ausreichend. Dann wird auch nicht so reichlich gegossen. Auch im Sommer sparsam gießen. Als Substrat verwendet man eine nährstoffreiche, aber zugleich sandhaltige Erde. Umgetopft werden alle Fetthennen etwa alle zwei Jahre.

Vermehrung: *Sedum* lässt sich durch Stecklinge oder auch durch Aussaat vermehren.

Arten:

- *S. morganianum* aus Mexiko ist als Ampelpflanze besonders gut geeignet. Ihre Blätter sind walzenförmig, spitz und blass bereift. Sie blüht kaum.
- *S. nussbaumerianum* kommt ebenfalls aus Mexiko und hat einen aufrechten Trieb, dessen Blätter breit kammförmig und oben flach und hohl sind. Die ganze Pflanze ist blassgrün und hat an den Blattenden rötliche Ränder. Diese Art blüht ebenfalls sehr selten.
- *S. rubrotinctum* aus Mexiko hat auch Blattquirle, doch sind diese rot gefärbt. Blühend sieht man diese Pflanze selten.
- *S. sieboldii* kommt aus Japan. Es hat kreisrunde blaugrüne Blätter, die in Quirlen zu dritt an überhängenden Zweigen sitzen. Die rosa Blüten öffnen sich im Oktober, danach stirbt die Pflanze oberirdisch ab und treibt im Frühjahr wieder aus.

Sedum nussbaumerianum

Mein Rat

Fetthennen muss man sehr vorsichtig umtopfen, ihre Triebe und Blättchen brechen sehr leicht ab.

Kreuzkraut, Greiskraut
Senecio

 ❀ 4 – 6   **V** Aussaat / St.

Hier soll nicht über die so genannte Aschen-
blume geschrieben werden, sondern vielmehr
über die vielen sukkulenten Arten der Gattung *Senecio*. Etwa 80 derartige Vertreter des
Kreuzkrauts (Familie Korbblütler/Compositae)
kommen im südlichen Südeuropa, auf den
Kanarischen Inseln und in Afrika bis hin nach
Indien vor. Benannt hat diese Gattung der
schwedische Naturforscher Carl von Linné.

Gestalt: *Senecio*-Arten sind sehr vielgestaltig,
können Sträucher werden, aber auch reizvolle
Ampelpflanzen abgeben und als dekorativ
bodendeckende Unterpflanzung unter großen
Zimmerpflanzen gedeihen. Die Blüten erscheinen in Doldentrauben, sind aber als Zierde
recht unbedeutend.

Pflege: Diese Pflanzen möchten einen sehr
hellen Platz, allerdings sollten sie vor der
prallen Sonne geschützt stehen. Als Substrat
bevorzugt *Senecio* eine nahrhafte, aber zugleich durchlässige Erde. Es ist deshalb günstig, humusreiche Blumenerde mit etwas Sand
anzureichern.

Das ganze Jahr über sollten die Pflanzen
warm stehen. Im Winter allerdings reichen
15 °C aus. Die Ruhezeit beginnt bereits im
September, dann mit dem Gießen sehr sparsam werden.

Im Sommer sollte man auch erst dann gießen,
wenn die Erde völlig abgetrocknet ist. Das
muss man bedenken, wenn man die Pflanzen

Senecio macroglossum 'Habitu'

in der warmen Jahreszeit ins Freie stellt, was man durchaus tun kann. Nehmen die sukkulenten *Senecio*-Arten nämlich zu viel Wasser auf, kann es vorkommen, dass ihre dickfleischigen Triebe oder Blätter platzen oder sie können schlichtweg faulen.

Vermehrung: Vermehrt wird das Kreuzkraut aus Samen oder aus Stecklingen, die nach kurzem Abtrocknen an der Luft leicht bewurzeln. Den Topf mit den frischen Stecklingen erst nach einigen Tagen befeuchten.

Arten:

- *S. haworthii* bildet 30 cm hohe Büsche mit vielen, stark verzweigten Ästen. Die Blätter erscheinen nur vereinzelt und richten sich stets so aus, dass ein jedes Blatt Licht bekommt. Die Sprossteile sind violett und mit Blattnarben bedeckt. Die Blüten sind gelb. *S. harworthii* stammt aus Südafrika.

- *S. macroglossum* sieht einem Efeu zum Verwechseln ähnlich. Die Blätter haben aber eine eindeutig sukkulente Dicke, im Gegensatz zum dünnblättrigen Efeu. Diese Hängepflanze hat eine besonders schöne Form, *S. m.* 'Variegatum', mit weißlichgelber Blattfärbung.

Senecio haworthii

Aasblume, Stapelie
Stapelia

  4 – 6  **V** Steckl. / Teil.

Mit über 100 Arten reicht das Verbreitungsgebiet der Aasblume (Familie Seidenpflanzen-
gewächse/Asclepiadaceae) vom südafrikanischen Kapland über Simbabwe bis nach
Sambia.

Der schwedische Naturforscher Carl von Linné
beschrieb diese Gattung im 18. Jahrhundert.

Gestalt: Durch den aasähnlichen oder kotarti-
gen Gestank der Blüte werden Schmeiß- und
Aasfliegen zum Bestäuben angelockt. Die
Blüte ist fünfteilig und oftmals riesengroß,
meistens bedeckt sie die ganze Pflanze. Sie
ist fein behaart. *Stapelia* entwickelt verzweigte, graugrüne Sprosse, die höckerige
Ränder haben. Sie wachsen teils aufrecht,
teils hängen sie herab.

Stapelia grandiflora

Pflege: *Stapelia*-Arten wurzeln flach und gedeihen deshalb gut in Schalen oder Hängekörben. Als Substrat verwendet man nährstoffreiche Erde, die mit Sand gemischt wurde, um die Wasserführung zu erleichtern. Auf das Substrat sollte man noch eine feine Kiesschicht streuen, damit aufliegende Triebe nicht feucht werden, denn dann beginnen sie zu faulen. Aasblumen brauchen wenig Wasser, und wenn man sie gießt, so sollte man dies mit viel Feingefühl tun, am besten von unten. Im Winter werden die Pflanzen bei etwa 8 °C gehalten und so gut wie gar nicht gegossen. Bleiben sie im warmen Raum, bilden sich keine Blüten. Die Pflanzen bevorzugen einen hellen, aber keinen voll sonnigen Platz am Fenster.

Vermehrung: Die Vermehrung ist denkbar einfach: Man braucht nur einige gut entwickelte Sprosse abzubrechen, einige Tage an der Luft trocknen zu lassen und dann in sandiger Erde zum Bewurzeln bringen. *Stapelia* lassen sich auch durch Aussaat vermehren, es dauert dann aber länger, bis sie zum Blühen kommen. Stapelien neigen bei der Bestäubung zum Bastardisieren, deshalb ist eine Vermehrung durch Stecklinge und Ableger auf jeden Fall sicherer, will man genau diese eine Art vermehren. Den

Mein Rat

Wenn die Stapelie Knospen angesetzt hat, darauf achten, dass sie keine Zugluft bekommt, sonst öffnen sich die Blüten nicht.

Steckling mit einem scharfen Messer leicht schräg anschneiden, dann bewurzelt er leichter. Die Schnittstellen an der Mutterpflanze und am Steckling mit Holzkohle bepudern.

Arten:

- *S. desmetiana* hat weich behaarte, kleine Stämmchen. Die Blüten sind außen grünrötlich und weich behaart und innen braun und rot mit Querzeichnung.
- *S. gigantea* entwickelt riesige Blüten, die bis 35 cm groß werden. Die Blüten sind hellgelb und haben eine rote Zeichnung.
- *S. grandiflora* hat fast schwarze Blüten, die rötlich schimmern und bis 16 cm breit werden. Die kantigen Sprosse sind etwa 4 cm dick und fein behaart.
- *S. variegata,* die bekannteste Art, wird manchmal der Gattung *Orbea* zugeordnet. Ihre Blüten sind gelb mit dunkelbraunen Flecken oder Punkten.

Pflegekalender

Wie alle Zimmerpflanzen brauchen auch Kakteen und andere Sukkulenten das ganze Jahr über Aufmerksamkeit. Besondere Beachtung gilt jedoch den Ruhezeiten. Richtig überwintert, werden wir mit gesunden Pflanzen und prachtvollen Blüten belohnt.

Pflegekalender für Kakteen und andere Sukkulenten

Januar

Die Temperatur bei den Kakteen und anderen Sukkulenten im Winterquartier kontrollieren. Sehen einige Pflanzen schlecht aus, nochmals bei den Porträts nachschlagen, ob die Pflanze bei der richtigen Temperatur steht. Ruhig mal frische Luft ins Winterquartier hereinlassen, aber zuvor die Pflanzen mit etwas Pappe oder Papier abdecken, damit die kalte Frostluft keinen Schaden anrichtet.

Kakteen sollte man öfter mit einem feinen Pinsel abstauben.

Februar

Die Kakteen und anderen Sukkulenten können wieder einmal etwas Wasser gebrauchen, aber zunächst bitte nur wenig befeuchten und erst zum Monatsende das erste Mal wieder reichlicher gießen. Zeigen sich bei einigen Pflanzen schon Knospen, diese wärmer stellen und etwas gießen.
Sollte die Sonne nun stärker scheinen, auf jeden Fall die Pflanzen mit Seidenpapier abdecken, denn sie sind es nicht gewöhnt und bekommen leicht Brandflecken.

März

Jetzt kann man wieder öfter lüften, reichlicher gießen und einige Arten umtopfen. Als erste Arbeit sollte man aber alle Pflanzen mit lauwarmem Wasser abbrausen, um den Win-

Sobald sich die Knospen zeigen, sollte die Pflanze warm und hell stehen und gedüngt werden.

terstaub zu entfernen. Zum Abtrocknen werden sie anschließend einige Stunden warm gestellt. Die Pflanzen unbedingt mit der Lupe nach Schädlingen absuchen. Knospige Kakteen bekommen ihre erste Düngergabe. Leichtes Schattieren ist bei der jetzt schon starken Sonne wichtig, sonst kommt es zu Brandflecken.

April

Die Kakteen stehen nun wieder an ihrem richtigen Platz, sind frisch umgetopft und bekommen mehr Wasser. Man muss sie aber noch immer vor der prallen Sonne schützen, indem man sie in den Mittagsstunden, besonders an Südfenstern, abdeckt. Viel frische Luft tut jetzt den Pflanzen gut. Nun ist auch der richtige Zeitpunkt, um die Aussaat vorzunehmen. Die ersten Kakteen beginnen jetzt mit dem Blühen.

Stecklinge mit einem scharfen Messer nur von gesunden Pflanzen schneiden.

Mai

Im Mai beginnt die Hauptwachstumszeit der Kakteen, die bis etwa August reicht. Viele Kakteen stehen jetzt in voller Blüte und werden mit Kakteenspezialdünger einmal vorsichtig gedüngt. Das Gießen nicht vergessen. Einige Gattungen können nach den »Eisheiligen« auch schon einmal über Nacht im Freien bleiben. Jetzt ist auch die günstigste Zeit, um die Stecklingsvermehrung vorzunehmen, auch Pfropfen ist nun möglich. Und wer noch nicht im April ausgesät hat, kann dies durchaus auch im Mai noch tun.

Im Frühsommer ist es Zeit, die Sämlinge zu pikieren.

Juni

Viele Kakteengattungen blühen jetzt. Man kann es einmal versuchen, sie selbst zu bestäuben. Dazu nimmt man einen Pinsel und transportiert den feinen Pollenstaub von einer Blüte auf die andere, auch auf ein anderes Exemplar der gleichen Gattung oder Art. Auch die Sämlinge sind nun aufgelaufen und werden vorsichtig das erste Mal pikiert. Die Stecklingsvermehrung – besonders bei den anderen Sukkulenten – kann man fortsetzen. An heißen Tagen die Pflanzen überbrausen – aber auf keinen Fall in der prallen Sonne!

Juli

Behaarte Kakteen, wie beispielsweise *Selenicereus,* staubfrei aufstellen. Die Pflanzen

Unsere Pflege wird jetzt mit vielen Blüten belohnt.

haben sich jetzt an das Sonnenlicht gewöhnt und mag die Art einen sonnigen Platz, so kann man sie ruhig in der Sonne stehen lassen. Im Zimmer reichlich lüften, denn Pflanzen auf dem Fensterbrett bekommen durch die Glasscheibe potenzierte Hitze.

In diesem Monat kann man auch alle Kakteen und anderen Sukkulenten reichlich gießen, mit Ausnahme weniger Arten wie die *Ariocarpen*, die jetzt eine Sommerruhe durchmachen. Von Anfang Juli bis Mitte August diese nicht gießen!

August

Lüften, lüften und nochmals lüften! Denn die meisten Kakteen und anderen Sukkulenten brauchen viel frische Luft. Und darauf müssen wir besonders in dem heißen Sommermonat achten. Auch das Gießen darf nicht vergessen werden. Jetzt wird ein letztes Mal gedüngt, denn die Kakteen sollen ausgereift – also ohne zarte junge Triebe – ins Winterquartier gehen. Umgetopft wird nun nicht mehr.

September

Das Wichtigste ist wiederum, den Pflanzen viel frische Luft zu geben, denn sie werden dadurch widerstandsfähiger. Das Gießen wird, sollte der Monat nicht sehr warm sein, etwas reduziert. Die Pflanzen werden gründlich nach Krankheiten und Schädlingen untersucht, aussortiert und behandelt. Auch den Topf entfernen und die Wurzeln kontrollieren.

Bei Pflanzen, die im Garten standen, ist dies besonders wichtig.

Oktober

Die Pflanzen können nun wieder voll in der Sonne stehen, sie sollten auch viel Frischluft bekommen. Doch sollte man die Pflanzen vor kalter feuchter Nebelluft schützen. Nicht düngen! Wenig gießen, das Wachstum der Pflanzen muss jetzt zum Abschluss kommen. Die meisten Kakteen und anderen Sukkulenten beziehen ihren Platz im Winterquartier.

November

So gut wie gar nicht gießen, nur an klaren und trockenen Tagen lüften. Der Winterstandort sollte möglichst hell sein. Winterblüher wärmer stellen und auch etwas gießen.

Dezember

Wenig gießen, die Erde nur befeuchten. An klaren Tagen lüften. Das Winterquartier überprüfen, ob auch kein Frost eindringen kann, notfalls abdichten. Kakteen und andere Sukkulenten, die direkt an einer Fensterscheibe stehen, in kalten Frostnächten mit Pappe schützen.

Kakteen brauchen auch im Winter einen hellen Platz.

Auf einen Blick

- Kakteen und andere Sukkulenten sollten im Sommer hell bis sonnig stehen.
- In dieser Zeit brauchen sie auch genügend Wasser und Nährstoffe.
- Im Sommer kann man sie ohne weiteres ins Freie stellen.
- Im Winter brauchen Kakteen und andere Sukkulenten eine Ruhezeit, in der sie trocken und kühl stehen.

Adressen, die Ihnen weiterhelfen

Deutschland:

Kakteen-Haage
Älteste Kakteenzucht Europas
Blumenstraße 68
99092 Erfurt
Tel.: 03 61 / 2 29 40 00
www.kakteen-haage.de

EXOTICA
Marita und Ernst Specks
Wiesengrund 39
41812 Erkelenz-Golkrath
Tel.: 0 24 31 / 7 39 56
www.specks-exotica.com

Cono's Paradise
Uwe Beyer
Netterhöfe Dorfstraße 10
56729 Arft
Tel.: 0 26 55 / 36 14
www.conos-paradise.de

Uhlig-Kakteen
Uwe Mergel und Mathias Uhlig
Hegnacher Straße 31
71394 Kernen
Tel.: 0 71 51 / 41 89

Kakteenland Steinfeld
Wengelspfad 1
76889 Steinfeld
Tel.: 0 63 40 / 12 99
www.kakteenland.de

Atomic Plant Nursery
Norbert Kleinmichel und
Silvia Grätz
Am Schlosspark 4
84109 Wörth
Tel.: 0 87 02 / 86 37
www.atomic-plant.de

Kakteengärtnerei Plapp
Albert Plapp
Drosselweg 7-9
84178 Jesendorf
Tel.: 0 86 44 / 83 66
www.kakteen-plapp.de

Österreich:

Kakteengärtnerei Ruzicka
Älteste Kakteegärtnerei
Österreichs
Wienerstraße 118
A-2103 Langenzersdorf
Tel.: (00 43) 22 44 / 21 43
www.kakteengaertnerei-ruzi-cka.at

Cactus-Center
Rosemarie Felbinger
Groisbach 55
A-2534 Alland
Tel.: (00 43) 22 58 / 66 11
www.cactus-center.com

Kakteengärtnerei
Reppenhagen
Bahnhofstraße 39
A-9300 St. Veit/Glan
Tel.: (00 43) 42 12 / 20 78
www.kakteenreppenhagen.cjb.net

Schweiz:

Kakteen Gautschi
Wilstrasse 1
CH-5503 Schafisheim
Tel.: (00 41) 62 / 8 91
www.kakteen.ch

Kakteen-Gärtnerei
TRIBE-HOUSE
Hauptstrasse 1 A
CH-4456 Tenniken
Tel.: (00 41) 79 / 7 48 24 38
www.tribe-house.ch

Sukkulenten- und
Kakteengärtnerei
Sukaflor AG
Brunnmattstrasse 21
CH-5614 Sarmenstorf
Tel.: (00 41) 56 / 6 67 29 00
www.sukaflor ch.

Kakteengesellschaften

Deutsche Kakteen-
Gesellschaft e. V.
Geschäftsstelle
Oos-Straße 18
75179 Pforzheim
Tel: 0 72 31 / 28 15 50
www.deutschekakteengesell-schaft.de

Gesellschaft Österreichischer
Kakteenfreunde
Wiener Straße 28
A-8720 Knittelfeld
Tel.: (00 43) 35 12 / 4 21 13
www.cactus.at

Schweizerische
Kakteengesellschaft
Eichstrasse 29
CH-5432 Neuendorf
Tel.: (00 41) 56 / 4 06 34 50
www.kakteen.org

Stichwortverzeichnis

Über die Autorin

Die Gärtnerin und Journalistin Elisabeth Manke studierte an der Humboldt Universität zu Berlin Gartenbau. Sie war lange Jahre in einem Berliner Kakteen-Spezialbetrieb tätig. Ihre Bücher bieten neben interessanten fachlichen Informationen auch ein hohes Maß an Verständlichkeit. Damit hat sie viel zur Popularität dieser faszinierenden Pflanzen beigetragen.

Bibliografische Information
Der Deutschen Bibliothek
Die Deutsche Bibliothek verzeichnet diese Publikation in der Deutschen Nationalbibliografie; detaillierte bibliografische Daten sind im Internet über http://dnb.ddb.de abrufbar.

Bildnachweis

Becherer: 4, 6, 7, 11ur, 120l, 12ul, 13, 14, 15, 17, 18, 19, 20, 22, 23, 25, 26, 27, 28, 29, 30/31, 34, 36, 37, 38, 39, 40, 41u, 42, 44, 45, 46, 47o, 48, 49, 50, 51, 52, 53, 54, 55, 56, 58, 60, 62, 63, 65ur, 66, 67o, 70, 71, 72, 73, 77, 78, 79, 80, 81, 82/83, 85, 86, 88o, 89, 90, 91, 93, 94, 95, 96, 97, 99, 100, 101, 103, 104, 105u, 106, 107, 108, 109, 110, 111, 112, 113, 114, 116/117, 118, 119, 120, 121
Bušek: 8u, 10u, 11ol, 16, 32o, 35, 47u, 65ol, 69r
Eisenbeiss: 1, 5, 12or, 41o, 43, 57, 59, 61, 64, 67u, 87, 88u, 92, 98
Hagen: 76
Haugg: 80
Reinhard: 6/7, 74/75
Schmid: 21, 32u, 69l
Strauß: 2/3, 11or, 12ur, 33, 68, 84, 105or, 105ol

Grafiken: Heidi Janiček

Überarbeitete und erweiterte Neuausgabe des Titels »Kakteen und andere Sukkulenten« aus der Reihe »blv garten plus«.

BLV Buchverlag GmbH & Co. KG
80797 München

Umschlagfotos:
    Vorderseite: Image Source/Corbis
    Rückseite: Becherer

Lektorat: Dr. Thomas Hagen
Redaktion: Redaktionsbüro
    Wolfgang Funke, Augsburg
Herstellung: Hermann Maxant
DTP: Uhl & Massopust, Aalen

Gedruckt auf chlorfrei gebleichtem Papier

Printed in Germany
ISBN 978-3-8354-0513-4

Bildschön und leicht zu pflegen

Jörn Pinske
Orchideen für Einsteiger
Das ideale Einsteigerbuch für Orchideenfans ohne
Vorkenntnisse: die schönsten populären, im Handel
erhältlichen Orchideengruppen im Porträt und ihre Pflege ·
Mit Expertenwissen zu häufigen Problemen.
ISBN 978-3-8354-0461-8

Bücher fürs Leben.